読書会入門

人が本で交わる場所

山本多津也

GS
幻冬舎新書
571

はじめに

あなたは、読書会に参加したことがありますか？

もし参加したことがなければ、読書会と聞いて、どんな会をイメージするでしょう。みんなで一冊の本を朗読する会？　集まった人が、それぞれ自分の好きな本を紹介し合う会？　そこに集まるのは、リタイヤ後のお年寄りばかりでしょうか。地域のカルチャーセンターで顔を突き合わせて、お茶でも飲みながらのんびり語り合う様子をイメージする人もいるかもしれません。

読書会とは何か。それについては、これからこの本の中で少しずつご紹介していくことにして、まずは自己紹介をさせてください。私は、年に約200回の読書会を主催・運営する「猫町倶楽部」という読書会コミュニティの代表をしています、山本多津也と言います。参加者のみなさんからは、タツヤさん、と呼ばれています。

現在、猫町倶楽部の読書会は名古屋を拠点に東京、大阪など全国5都市で開催されていて、1年間ののべ参加人数は約9000人。一度の読書会に集まる人数は最大で300人。参加者の年代は、下は10代から上は60代まで。読書会としては、日本最大規模と言えるでしょう。

読書会にもさまざまなやり方がありますが、猫町倶楽部では私の選んだ一冊の課題本を、事前に参加者のみなさんに読んできてもらう、という方法を取っています。唯一の参加条件は〝読了していること〟。ですから、読み終えていない方の参加はお断りすることになります。

これまで、ビジネス書から哲学書、国内外の古典文学から評論、エッセイに至るまで、何百冊と取り上げてきました。必ずしも新刊に限らず、古典を選ぶこともよくあります。絶版になった本を課題本にすることもあります。長編を選ぶことも少なからずあります。

過去には、『カラマーゾフの兄弟』（光文社古典新訳文庫）を取り上げたこともありました。ロシア文学者である亀山郁夫さんの翻訳されたこのシリーズは、全5巻とかなりのボリュームがあります。読書家を自負する方でも、もしかすると読んだことがないか、もしくは買ったは良いが積ん読（部屋の片隅に本を積み上げて読まないこと）状態、という人も少なくないかもしれません。それくらい、読むのに体力を要する本です。けれども参加者のみなさんは当然、全員が読了してきてくれます。ちなみにこのときの読書会、参加者は名古屋で約１００名、東京では約80名でした。本が売れない、若者が本を読まないなどとあちこちで言われるこの時代に、こんなにたくさんの人が『カラマーゾフの兄弟』を読み終えて、集まるんです。

参加してくれる人はみんな口を揃えて「初めて参加したときはとても不安だった」と言います。読書会に参加してみたい、と思い立ってから、半年は様子を窺っていたと言うメンバーもいます。その間何をしていたのかと尋ねると、公式ホームページに掲載している開催レポートを過去何十回分と遡って読み込んだり、毎月発表される課題本をチェックしつつ、これなら語れそうだと思える課題本を待ったりしていたそうです。

でも、そうやってひとたび勇気を出して読書会に参加してみると、きっとすぐに気付いてもらえるんじゃないかと思います。読書会に参加している人は、良い意味で「みんな同じ」、そして良い意味で「みんな違う」ということに。

「みんな同じ」というのは、簡単に言うと、読みの精度や話のうまさのことです。

〝読書会に参加するような人達は、きっとさぞかし本を深く読み込んでいて、豊富な語彙《ごい》で、素晴らしい感想を語ることができるんだろう〟

どうもみんな、最初はそんな風に思うようです。でも一度でも参加してみると、決してそんなことはないということがわかります。大抵の読書会は、この場面が好きだった、この場面が理解できなかったというような、個人の断片的な感想を、一人ひとりがポロポロと思い出したように語るところから始まります。

何しろほとんどの参加者にとって、その本の感想を他人に語るのは、それが初めての体験なのです。だから、きれいにまとまっていなくて当たり前。上手に語れなくて当たり前。これについては「みんな同じ」なんです。

また初めて読書会に参加する人は、課題本を読んだ結果、自分の感想がひどく的外れなんじゃないか、大事なところを読み飛ばしているのではないかと不安を抱くそうです。けれども、いざ読書会という場で、知らない人達と顔を突き合わせて話をしてみると、同じ本を読んだのに、こんなにもそれぞれ抱く感想が違うものかと驚くでしょう。

育った環境や現在の生活、生まれ持った感性などによって、一冊の本にも、10人いれば10通りの読み方があります。もともと「みんな違う」んです。それが当然。だからこそ、猫町倶楽部の読書会には一つだけルールを設けています。それは、決して他人の考えを否定しないこと。他人の考えを否定せず、自分の考えも否定されない。だからこそ、感想に正解も、不正解もないのだ。一度でも読書会に参加してみるときっと、そう思えるようになるはずです。

一冊の本を読んでどう感じたか。その本が自分にはどんな価値を持つのか。後から誰かと語り合うことを前提とする読書には、一人で取り組む読書とは、また違った価値がありすます。読んだ直後、最初はぼんやりとしていて、摑みどころのない自分自身の感想を、読書会という場で、他人にわかる言葉で表現しようと努力する。そこに、同じ本を読んだ誰かが新たな言葉を被せたり、あるいは思いもよらない側面からの他人の見方を自分に取り込む。そうやってインプットとアウトプットを同時に行うことでこそ、もともとあった自分の考えが、次第に立体化されていく。自分の考えが、より高い精度で形作られていくと思うのです。

そして何より、その時間が、そのプロセスが楽しい。だから、私達の読書会には多くの人が集まります。読書家を自負される方の中には、読書は孤高の営みであるべきだと思う人も少なくないかもしれません。こと読書や学問といった分野では、なぜかやたらとストイックであることが良しとされる風潮があります。そういう人達には大変申し上げにくいことですが、読書会は、とにかくとても楽しいものなんです。

語弊を恐れずに言えば、楽しくて何が悪い、と私は思います。高い志を掲げるだけでは多くの人は動かない。世の中には、一生かけても読み切れないほど無数の名著があり、読んだ本が自分の血肉となるというのならば、まだ読んでいない本と同じ数だけ、自分自身の可能性もまた眠っています。けれども、読書自体のハードルが高ければ、多くの人がその入口にすら立とうとしません。私自身、これまで何度となく本から学び、本に救われてきました。本を読むことが素晴らしい体験だと思うからこそ、より多くの人に、その機会を身近に感じてほしいと思うんです。

読書会は、本を読む一つの技法です。

この本を通して、読書会の持つ知られざるダイナミズムを、ぜひともより多くの人に感じていただければ幸いです。

読書会入門／目次

構成　紫原明子
DTP　美創

第一章

読書会が人生を変えた

リフォーム会社経営者が読書会を始めた理由

一体なぜ読書会を始めたのか。

たまに取材を受けると、決まって、読書会を始めたきっかけについて尋ねられます。私が出版関係の職に就いていたり、書店や図書館なんかで働いていたりしたら、読書会を主宰していたって何の不思議もないのでしょう。けれども何を隠そう私の本業は住宅リフォーム会社の経営です。一般的には、本や読書とは直接関係ないとされる仕事。そんな人が、またどうして読書会なんて？　と、少なからず疑問に思われるようです。

私が最初に読書会を開いたのは、２００６年のことでした。当時の私は、父が経営していた会社を継いで3年目という頃。平日の夜や休日を使って、勉強のためにさまざまな経営セミナーに参加していました。あるとき、有名コンサルタントのセミナーが東京で開催されると聞きつけ、就業後にはるばる名古屋から新幹線に乗って聴講しに行きました。会場にはスーツをビシッと着込んだ、それなりに仕事のできそうなビジネスマンが大勢集まっていました。どんな話が聞けるのだろうと期待しながら待っていると、ついに登壇したコンサルタントは開口一番こんなことを言いました。

「恐らく今日、このセミナーから帰って、〝いい話を聞いたなあ〟と思うだけで、何も実行に移さない人が全体の約8割です。また、実行に移したとしても、それを継続できる人は、その中のさらに2割程度でしょう」

私はこれを聞いて内心、えー！　と、椅子から滑り落ちる思いでした。落胆や憤りというより、拍子抜けしてしまったのです。往復の新幹線代と、決して安くない参加費を払ってわざわざ参加したのに、それじゃあ一体何のための経営セミナーなんだ？　と。

本を学びに繋げたかった

お恥ずかしい話ですが、私が社長の座に就いたばかりの頃、会社の状況は決して良好とは言えませんでした。それを2年ほどかけ、あらゆる手を尽くして、何とか軌道に乗ったと言えるところまで回復させました。家族や社員、また社員の家族が満足に生活していくためにも、経営状態をより良くするというのは経営者の切実な課題です。だからこそ高いお金を払って勉強しようと思うんです。それなのに、セミナーに来てもほとんどの人が何も身に付けることができないというのは、どういうことかと。そもそも、そのハードルを高いままにしているセミナーの構造自体に問題があるんじゃないか。そう思わざるを得ませんでした。ならば、一体どんな形のセミナーなら、より自然に学べ、継続することができるだろう。私はそんなことを考え始めました。

そもそも、経営セミナーの先生になるような人は大抵、何冊も著作を持っています。そしてセミナーで話す内容も、大抵は著書に理路整然と書いてあることばかりです。ならば、わざわざ高い参加費を払ってセミナーに参加しなくとも、本を読めば良いはずです。なにせ本なら高くたってせいぜい2、3000円程度。古本なら数百円、数十円で買えることもあります。ところが本を読んで独学するというのはご存じのとおり、一見手軽なようでなかなか難しいことです。書店に行って、お目当てのジャンルの棚の前に立つと、決まってみるみるやる気がみなぎり、〝よし、これを読んで勉強するぞ！〟などと息巻くのですが、買った本を家に持ち帰り、ひとたびテーブルの上やソファの上なんかに置いてしまうと、数時間前までのやる気が一瞬で消えてしまう。読まなきゃなあ、なんて後ろめたくなることもあれば、一ページも読んでいないのに何となく新しい知識を得たような、満足した気持ちになってしまうこともあります。私の家にもそんな風に、買ったは良いものの積み上げられたままになっている本が山のように眠っていました。

そこでまずは、この日までに絶対に読了しなければならない、という期限を作ればいいんじゃないかと考えました。けれども自分だけの期限では効き目が弱いので、何人かで一緒になってやったら良いだろう。そうすれば「読み終わりませんでした」なんて言いたくないから、忙しい中でも何とか時間を作って、読了しようと努力するだろうと思ったのです。

学びを実行し継続するための仲間作り

また、ただ本を読むことすらままならないのだから、たしかにあのコンサルタントの言うとおり、本を読んで得た知識を実行に移し、さらに継続するというのは、かなり難易度の高い作業でしょう。だからこそ同じ目的を持つ何人かで、ゆるい相互監視の状況を作ってしまえば、継続だってより簡単にできるようになるはずです。

つまり、まずは本を最後まで読み、本から学ぼう。そして学んだことを継続して生かすための仲間を作ろう。この二つを満たすものを考えた結果、自然と見えてきた形こそが、ほかでもない「読書会」だったのです。

そうしてついに2006年9月、最初の読書会を開催することとなりました。参加者は私と、私の学生時代からの友人でIT企業勤務の朴。そして、私と同じリフォーム業に携わる2人の友人達でした。課題本には、ビジネス書の王道中の王道、カーネギーの『人を動かす』を選びました。参加条件は当然、開催日までに課題本を読了すること。当日は4人で2時間ほどかけて、じっくりと本の感想を語り合いました。

結果として、この試みは大成功でした。読書会が終わると、全員がこれまでのセミナーでは味わったことのないような充足感、高揚感に包まれていたのです。講演を一方的に聞いたり、本を読んだりするようなインプットだけではなく、得た学びを口に出すこと。つまりアウトプットの効果を驚くほど実感させられました。そこで私達はこの読書会を「名古屋アウトプット勉強会」と名付け、以降月に一度、定期開催していくことに決めたのです。

読書会がメジャーデビューを果たす

翌月の読書会にはコヴィーの『7つの習慣』、さらにその翌月の第3回には、チャルディーニの『影響力の武器』を課題本に選びました。4人で始めたアウトプット勉強会は回を重ねるごとに口コミで参加者を増やし、半年後には一回につき平均10〜15名が集まるようになりました。

この頃私は、ものは試しと、当時流行っていたSNSのミクシィで、名古屋アウトプット勉強会のコミュニティを立ち上げてみました。すると全く予想もしていなかったことに、見ず知らずの読書好きの若者たちが一人、また一人とコミュニティに参加してくれるようになったのです。それまで名古屋地区では、読書好きが横の繋がりを作る場がほとんどなかったということもあり、コミュニティの会員数は立ち上げから約2年で1000人を超えました。ネット上のコミュニティは読書会と連動していますから、告知をすると建築業界のオヤジ達が始めた小さな読書会に、若者たちが実際に足を運んでくれるようになりました。

そんな噂が噂を呼び2008年、私達の読書会はついにメジャーデビューを果たしました。名古屋周辺の多くの人たちが愛読する中日新聞の夕刊1面で、読書会の様子が大きく取り上げられたのです。すると直後に、今度はNHKの朝のニュースでも、私達の読書会の様子が紹介されました。

SNSと新聞、テレビの力によって、私達の読書会には、たちまちたくさんの人が参加してくれるようになりました。それも、性別・職種を問わず、下は20代から上は60代まで、幅広い世代の人たちです。

読書会は、名東区藤が丘にある「JAZZ茶房 青猫」という喫茶店で開催していました。当初、広い店内の、たった1テーブルを囲んでこぢんまりと始まった読書会でしたが、参加者が増えるにつれ、もう1テーブル、もう2テーブルと予約席を増やし、あるときついに貸切にすることになりました。それだけの規模に育ったかと胸を熱くしたのもつかの間、参加者はさらに増え続け、とうとう「青猫」のキャパシティを超えるようになってしまいました。そこで途中から、2会場に分けて開催したり、また一つの会を月に二度、日を分けて開催したりするようになりました。

文学サロン誕生とコミュニティとしての可能性

あるとき、一緒に読書会を立ち上げた朴が、ビジネス本だけでなくぜひ文学も取り上げてほしいと言ってきました。大学時代、毎日夜遊びしていた頃からの弟分だった朴に、私はどうもカッコつけて「小説を読んだ方がいいよ」と言ったようなんです。

朴はもともと本を読むのが苦手な人間だったのですが、根が真面目なので、ならば文学を読んでみたい、読めるようになりたい、そのためには読書会だと考えたのです。そこで、ビジネス書を扱う「アウトプット勉強会」とは別に「文学サロン月曜会」という新たな分科会を立ち上げました。どうせ文学を扱うなら、今度はとことん楽しみたい、文学で〝遊べる〟場にしたい。そんな思いで私は、あるときから読書会にドレスコードを設けることにしました。たとえば、直木賞作家、田中小実昌の小説『ポロポロ』を課題本にした回のドレスコードは、作者の普段の装いにちなんで〝帽子〟にしたり、あるいは川端康成の

『古都』を課題本にした回では、呉服屋の娘という主人公にちなんで〝浴衣〟にしたり、というように、本から連想されるテーマをもうけ、参加者のみなさんに、そのファッションに身を包んで来場してもらうのです。

またほかにも、会場となる「青猫」のマスターに、課題本と一緒に聴きたいジャズナンバーを紹介してもらったり、ときには課題本と料理をコラボさせたイベントも行ったりしました。ある時期からはゲストイベントも定期開催するようになり、後で改めてご紹介しますが、これまでには菊地成孔さんや湯山玲子さん、柴田元幸さんや亀山郁夫さん、会田誠さんなどたくさんの文化人・作家のみなさんにもご登壇いただいています。

学びと遊びを満たす場が欲しかった

今読み返すと青臭くて気恥ずかしいのですが、文学サロン発足当時の私は、ネット上に開設していたブログにこんなことを書いていました。

〝税理士から今後の税制の方向性について教えてもらい、

政治家志望と外交問題を論じ、弁護士の卵と憲法論を戦わせ、
脳神経外科医には茂木健一郎のクオリア論についてレクチャーしてもらう。
芸術家とゲルハルト・リヒターの作品について、
作家とは日本現代文学の行方について語り合う。
夜はＳＭの女王と一緒に心理学を学び、
風俗店経営者からは地下経済について講義してもらい、
アウトローな人とは孫子の兵法、
防衛庁関係の方とクラウゼヴィッツの戦争論を読むというのもイケてる。〟

……実は私、大学時代の5年間（人より1年余計に通いました）を、ほぼ毎晩、夜の六本木で過ごしていました。とあるディスコを拠点とする大学生中心の〝チーム〟に、数年にわたって所属していたんです。〝チーム〟といっても、別にスポーツをやるチームではありません。いわゆる〝チーマー〟の前身です。とはいえ、全盛期にこそチーマーは暴力沙汰の多い危険な集団となりましたが、私達の頃はもっと可愛いもので、毎日集まってふざけ合う、部活動の延長のような組織だったんです。読書会の初期メンバーで「文学サロ

ン月曜会」誕生のきっかけとなった朴も、このときの後輩です。

愛知県の男子校を出たばかりの私は、大学進学のために上京し、思いがけず足を踏み入れた東京の夜遊びの世界に、たちまち魅了されてしまいました。なぜならそこには、いまだかつて出会ったことのないような、刺激的な人達が大勢いたからです。性別、年齢もさまざま、生い立ちも経歴もさまざまな人が、さまざまな事情を抱えて集まっている。しかしそれでいて、夜の街にはいつも、不思議な秩序が保たれていました。一度受け入れられれば、ここが自分の居場所だと思わせてくれる強力な引力がありました。多様な人をフラットに許容する、懐の深い居場所。こういう世界で培った価値観が私の土台となっているせいか、読書会に徐々にたくさんの人が集まる中で、私は次第に本を読むことのみならず、人が心を解放して集まれる場、「学び」のみならず「遊び」をも楽しめる場所、そんな〝コミュニティ〟としての価値も意識するようになっていきました。

東京進出と「猫町倶楽部」の誕生

私達の読書会が、ついに本拠地である名古屋を飛び出したのは、２００９年2月のことでした。名古屋で読書会に参加していた古株メンバーが東京に転勤することとなり、東京でもぜひ読書会をやってほしいと言うのです。名古屋アウトプット勉強会立ち上げの勢いに乗っていた私は、ならば一つやってみるかということで、「東京アウトプット勉強会」を立ち上げることにしました。

東京でも名古屋と同じようにうまくいくといいなあと、不安を抱いての東京進出でしたが、良い意味で大きく裏切られることとなりました。というのも、折しもこの時期の日本は、勝間和代さんの登場に端を発した空前のビジネス書ブーム真っ只中。そんな時代の煽《あお》りを受け、東京アウトプット勉強会は発足直後から大変な人気読書会となったのです。

火付け役はビジネス誌『日経ビジネスアソシエ』でした。ここで取り上げられた反響が存外に大きく、一度読書会を開けば、たちまち100名を超える参加者が集まるようになったのです。

東京のメンバー数は、名古屋の実に3倍の速度で増えていきました。読書会がメディアに登場する機会もますます増えました。

コミュニティが順調すぎる拡大を続ける一方で、私の中にはその当時、ちょっとした違和感が芽生えていました。やたらと「仕事に効く」「自分を磨く」といった宣伝文句とともに読書会が謳われ、ビジネス書読書会としての側面ばかりが過剰に注目されているように感じたのです。私達の会はたしかに、ビジネス書の読書会として始まりました。けれどもすでにその頃には当初の目的とは異なり、多様な人たちの集まる、一つの大きなコミュニティとして育っていました。学びと遊びの両輪で毎日を豊かにする、そんな目的を持った人達が集まる単なる勉強会を超えた組織になっていました。

そこで私は同年、組織全体に「猫町倶楽部」という新たな名前を付けました。

アウトプット勉強会も文学サロン月曜会も、どちらもこの「猫町倶楽部」の中の一分科会と位置づけました。名前の由来は、名古屋で会場として借りている「JAZZ茶房 青猫」と、私が好きな萩原朔太郎の短編小説『猫町』にちなんで付けました。仕事に効くビジネス書勉強会「アウトプット勉強会」が知られていくのでなく、「猫町倶楽部」が広く知られるようになることで、ビジネス書や文学といったジャンルの垣根なく読書会の存在を知ってもらいたい、また私達のコミュニティそのものを知ってもらいたい、そんな狙いがありました。

ほどなくして、東京でも文学を扱う読書会、「東京文学サロン月曜会」を発足しました。こちらもまた、アウトプット勉強会ほどではないにしろ、日を追うごとに参加者を増やし、現在ではやはり一回につき平均70～90名の参加者を集めています。

300人で行った読書会

これまでに猫町倶楽部が行った読書会の中で最も規模の大きなイベントは2013年5月、AV監督で作家の二村ヒトシさんをお迎えして開催した読書会でした。このときは課題本が2冊というハードルの高さにもかかわらず、なんと300人を超える参加者が集まりました（余談ですが、このときの参加者には、二村さんのご好意により、コンドームをはじめとしたアダルトグッズがプレゼントされました。会場として借りていた某外資系企業の会議室に複数の段ボール箱で届いたアダルトグッズを、イベントサポーターのみんなとせっせと運び込んだのは、今でも良い思い出です）。

公式読書会のほかにも、ミクシィの猫町倶楽部コミュニティ上では連日〝課外活動〟と銘打ったメンバー主催の非公式イベントの計画が次々と立てられています。飲み会から美術鑑賞、釣りや山登り、旅行、キャンプなど内容もさまざま。読書会と課外活動で、気付けば毎週末、猫町倶楽部のメンバーと遊んでいるという人も少なくありません。また、あまりにもしょっちゅう会うので、当然のことながらカップルになる人たちもたくさんいます。もちろん、そのまま結婚するケースも。実は猫町倶楽部ではすでに60組以上のカップルが結婚しているんです。

発足当初、読書会を自分のライフワークにしようと考えてはいましたが、まさかここまでの規模になろうとは夢にも思っていませんでした。アウトプット勉強会、文学サロンに加えて、2010年には映画の感想を語り合う「シネマテーブル」、2011年には美術や音楽といった芸術全般を扱う「藝術部」、2013年には大人の性愛をテーマとした課題本を扱う「猫町アンダーグラウンド」(通称「猫町UG」)、そして2015年には哲学書をメインに扱う「フィロソフィア」が、新たに発足しました。開催拠点も名古屋、東京に続き、大阪、金沢、福岡と全国5箇所に拡大し、ここ1年間の参加人数は約9000人超、年間イベント数はトータルで約200回となりました。

私が言うのも何ですが、これだけの人が集まり、根を張るコミュニティ型読書会には、たしかにそれだけの魅力があるのです。次の章からはそんな読書会の、具体的なやり方や参加の仕方、またその効果といったものについてご紹介します。

第二章

読書会とは何か？

読書会の流れと参加者の不安

さて、この本を読んでくださっている方の中には、まだ一度も読書会に参加したことがないという方も多くいらっしゃるかと思います。この章ではまず、私達が行う読書会の基本的な流れについてご説明します。

猫町倶楽部では通常、参加者の6〜8人で一つのグループを作り、そこに必ず一人、ファシリテーターと呼ばれる司会役を立てます。ファシリテーターは、参加回数などを鑑みて運営側で事前に決めておく場合と、当日、グループ内で選出してもらう場合の2パターンがあります。ファシリテーターの仕切りのもとで最初に行うのは、参加者同士の自己紹介です。多くの場合は名前とあわせて何か一言、なぜその日参加したかや、最近気になる話題などを簡単に添えてもらいます。その後は、参加者一人ずつに本の中の気になった箇所や、面白かった箇所などを順番に、自由に話してもらい、それぞれを掘り下げていくというやり方です。一度の読書会で1時間半〜2時間。長いと驚かれますが、案外話せるものです。ファシリテーターが活躍するのだって最初の30分から1時間くらいまでで、後半になるにつれ、参加者間の発言が自由に飛び交うなんていうこともよくあります。

最初にも少しお話ししましたが、猫町倶楽部に参加してくれる方達の話を聞いてみると、ホームページで存在を知ってから実際に参加まで、数ヶ月から半年ほどかかったという人が案外少なくありません。読解力が試されるんじゃないかと不安に感じるそうなんです。どうか安心してください。多くの人がついていけないような専門的な会話に終始するということは、私の経験上まずありません。的外れなことを言ってしまうんじゃないかといった心配もいりません。

２０１７年に、ライターの菅野久美子さんが『孤独死大国』という本を上梓されましたが、この本の中に、孤独死を未然に防ぐ、人と人との繋がりを作る民間コミュニティとして猫町倶楽部の読書会が登場します（本当のところ、決して世のため人のためというような大義名分でやっているわけではないのですが……）。菅野さんは執筆にあたり、実際に読書会に取材に来て、その様子を書いてくださっています。そこには私達の普段の読書会の様子がそのまま描かれていますので、一部ご紹介します。

〝なんとも正統的な読書会といった雰囲気だと思っていたが、ややぽっちゃりした男性は突然こう口火を切った。

「あのー、ノーパンノーブラで外に出て行ったら気付くよね。ノーブラだったら外に出かけても気付かないかと思うけど、さすがにノーパンだったら気付くよね」

男性の名誉のために（？）補足すると、今回の課題本では、かつては品行方正だった著者の紫原さんが、慌ただしい主婦生活の真っ只中、長男を車で送り届ける際に、ノーパンノーブラにはたと気付くというシーンから始まるのだ。

男性はどうやらこのことを言っているらしい。それにしても、いきなりの変化球に場が一瞬凍りついた……ような気がしたが、それは私の気のせいだった。

「確かに、そこすごく気になった！」ともう一人の男性が同調する。それに気を良くした男性は、「ノーパンノーブラで外に出て行って気付かないものなのかな？　とそこをみんなに聞いてみようと思ったんです。あの、ノーパンで出て行ったことある人いますか？」と、いきなり話が別方向に急展開した。私もこれには正直ズッコケそうになった。あれれ、読書会ってこういうものなのか。〟

この日の読書会は、紫原明子さんというエッセイストの方の著書『家族無計画』を課題本に、ご本人もゲストにお迎えして開催しました。本を読んだ参加者の方の素朴な感想がこの会話というわけです。

なんだ、こんなことでいいなら自分も話せるぞ、という気がしてきたでしょう？　そんなことでいいんです。難しい本で、面白さがさっぱりわからないような本だったとしても、きっとあなただけではありません。大体みんなそんなものです。勇気を持って「面白さがわからなかった」と言えば、きっとそれにつられて何人か「私も！」と声を上げてくれるでしょう。もちろん「私にはものすごく面白かった！」だって良いのです。また、本の内容からの脱線も大いに結構。「この主人公はこうしたけど、私ならこうした」というように、最初は本の感想を語っていたはずが、いつの間にか自分の個人的な体験の吐露になっていたということも珍しくありません。自分のことを話すのは案外楽しいものです。

……と、ここまで言ってもやっぱり不安という慎重派の方もいらっしゃるでしょう。私はここ数年、読書会を通じて年に何千人という若者と会ってきましたが、読書好きには内向的な人が多いのか、みんなよく「私は人見知りで……」と言うんです。だけどよく考えてみてください。初対面の相手にいきなり自分のことをべらべらしゃべれるような人って、世の中にそんなにたくさんいるでしょうか。仮にいたとして、そっちの方がギョッとしませんか？　世の中のことをよく知らない子どもならまだしも、それなりに社会を渡り歩いてきた大人であれば、初対面の相手を多少なりとも警戒するのは当たり前のことです。共通の話題が見つからないから、何を話せば良いのかわからない。ならばぜひ読書会で、一冊の本についての話をしましょう。

安心してください。「はじめに」でも書いたとおり、みんなが思い思いに語り合う猫町倶楽部の読書会でも、一つだけルールを設けています。それは〝他人の意見を決して否定しないこと〟。せっかく勇気を持って発言したことを「それは違う」と頭ごなしに否定されるような場であれば、誰も次の発言ができなくなってしまいます。個人の感想、個人の考え、個人の思いは、10人いれば10通りあって良いはず。読書会は、何が正しく、何が間違っているかを決める場ではないんです。

読書会には二つの種類がある

一般に読書会には、〝課題本型〟と〝紹介型〟の、二つのやり方があります。課題本型とはこれまでお話ししてきたとおり、事前に課題本となる一冊を決めておいて、その本を読んだ参加者同士が感想を語り合うというやり方。一方、紹介型とは、参加者がそれぞれ自分のおすすめの本を持ち寄って、本の内容を紹介し合うやり方です。

どちらにも良さがあるものの、猫町倶楽部では課題本型を取り入れ、紹介型読書会を行っていないのには、いくつか理由があります。まず一つは、本の紹介の価値というのは、紹介する側とされる側の関係性にかなりの部分依存するためです。想像してみてください。もしも〝自分もこうなりたい〟と思っている先輩や友人など、心から尊敬している人にすすめられた本ならば、今すぐにでも「読もう」と思うでしょう。では逆に、初対面の、素性のよくわからない人にすすめられた本を「よし、読もう！」と、どれほどの熱量で思えるでしょうか。紹介する人が、口を開けば5秒で他人の心を摑めるようなプレゼンの達人であれば話は別です。けれども通常、誰かのすすめに素直に従うという行為は、すすめてくれた人の能力や魅力をすすめられる側がある程度認めているからこそ成立すると私は思います。

紹介型読書会を実施していない二つ目の理由として、参加者間で話が膨らみにくいという問題があります。紹介型読書会は時間の都合上どうしても一人数分の持ち時間で本の紹介を行い、それを全員がやって終了、懇親会へ……というスケジュールになりがちです。ディスカッションというよりプレゼン大会のようなものなので、懇親会ではそれまでの会話はほぼゼロという状態から親睦を深めることにもなります。土台となるコミュニケーション能力が高い人たちの集まりとして、あるいはプレゼン技術の向上の場としては良いのですが、そうでない場合には、やや会話のハードルが高い読書会となってしまうのです。

一方、課題本型読書会では、初めて会った相手と、とことん会話のキャッチボールをすることになります。初対面の人と2時間も話すというと間がもたないんじゃないか、そちらの方がよほどハードルが高いんじゃないかと思われますが、全員が同じ本を読んできているという共通の前提があると、2時間なんて案外あっという間に感じられます。さらに私達の会では毎回、読書会後に懇親会を1時間から1時間半設けているので、トータルで3時間半~4時間ほど、初対面の人と会話を続けることになります。ですから、すべて終わった頃には、みんなすっかり親しくなっているんです。

課題本の決め方

猫町倶楽部の課題本は、一部例外もありますが、基本的にはすべて私が決めています。全国各地のアウトプット勉強会、文学サロン月曜会、フィロソフィアの課題本を毎月7、8冊。これに加えて猫町UGや藝術部や、読書会旅行、クリスマスパーティなど、毎月何かしら不定期イベントがあるので、一月に10冊以上は選んでいます。世の中には星の数ほどの本がありますから、単に面白そうな本、私が読みたい本を選ぶというだけなら決して難しい作業ではありません。けれども、猫町倶楽部で取り上げるべき本を選ぶというのはとても難しいことです。何しろ、全国の各支部で課題本にすれば、最大500人近くが読むということになります。本は、少なからず読んだ人の思考を作り、その人の血肉となるものです。ですから、何よりもまずは、それだけの人が読む価値があるだろうと、私が確信を持ってすすめられることが大前提です。

また、先月の課題本は○○をテーマとした○○だったので、今月は○○を扱う○○にしようというように、課題本の繋がりも重視します。猫町倶楽部の当初からの理念は「継続学習」ですから、参加者のみなさんにはできるだけ続けての参加を推奨しています。楽しいからと猫町倶楽部に参加し、課題本を読んでいるうちに、思考や学びが縦へ、横へと広がっていく。おこがましいようですが、良い選書をすることで非力ながらその後押しができるのではないかと思うのです。

そして何より、それまでどんな本を課題本としてきたかというのは、猫町倶楽部という組織の思想を最も端的に表すものなのです。これだけ長くやっていると、さすがに〝猫町倶楽部らしい本〟というものができてきます。この〝猫町倶楽部らしさ〟というのは、選書している私の思想とかなりの部分重なりはしますが、寸分違わず同じというわけでもありません。選書に際してこの〝猫町倶楽部らしさ〟というぼんやりとした感覚を、私はこれまでかなり重視してきました。今回、改めてこの〝猫町倶楽部らしさ〟を構成する要素は何かと考えてみたところ、それは次の2点にあるように思います。

まず1点目は極力、古典や名著から選書する、ということです。もちろん、特別イベント等での例外もありますが、猫町倶楽部では基本的に、ベストセラーやエンタメ小説が課題本になることはありません。あとでまた詳しく述べますが、私が読書を始めたのは今から30年ほど前、20歳を過ぎた頃のことです。当時の多くの若者は、教養ある学者達や、彼らの語るハイカルチャーの世界に強い憧れを抱いていました。深夜営業をしていた六本木の青山ブックセンター（残念なことに2018年に閉店してしまいました）で浅田彰の『構造と力』を買って、本を片手に女の子をナンパしに行く、そんな冗談みたいなことが現実に起きていた時代。教養があること、インテリであることがカッコいいとされる時代でした。

ところがオタクカルチャーやインターネットカルチャーが盛り上がるとともに、思想のメインストリームはサブカルチャーに移行し、ハイカルチャーを重視するような人間は、ともすればオールドタイプと嘲笑されかねない時代になってしまいました。もちろん、それが必ずしも悪いこととは思いません。古典を一冊も読んだことのない〝読書家〟を〝読書家〟とは認めない、なんて言いたいわけではありません。ただひとえに、古典を読んでいないというのは、とても〝もったいない〟ことだと思うのです。

時代を超えて読み継がれる古典文学には、それだけの理由があります。普遍的なメッセージが込められているばかりでなく、のちに登場するさまざまな作品に多大な影響を与えています。直接引用されたり、何らかの形で示唆的に用いられたりすることも決してめずらしくありません。その際、当然ながら〝この部分の描写は○○という作品のオマージュです〟といった注釈がご丁寧に入ることはほぼありませんから、知っている人、気付いた人だけがほくそ笑み、作者がその作品に込めたより深いメッセージを受け取ることができるのです。そういうことを考えてみると古典文学というのは、過去の人と現代の人を繋ぐ、言うなれば共通語のようなものであり、今、私達の触れる文化の背骨としてあるものなのです。少し前の時代のように、読んでいないからといって馬鹿にされたり、うるさく読めと言われることのなくなった今だからこそ私は、少しでも多くの人が古典を手に取り、その世界に触れる機会を作りたいと思うのです。

難しいから面白い

〝猫町倶楽部らしい選書〟、2点目の要素は、脳が汗をかく本、ということです。

そもそも読書会には、これまでに何千、何万冊と本を読んできたような読書家から、せいぜい年に1、2冊程度という人まで、さまざまな人が参加してくれます。さすがに、活字を追うのが大嫌い！　という人は参加しないと思いますから、少なくとも、本を読むことに抵抗のない人達と言うことはできるでしょう。そんな人達がせっかく読書会という場に勇気を出して足を運んでくれるのだから、課題本では、普段あまり積極的に手を出そうと思えない本、自分だけでは読み終えることの難しい本、脳が汗をかくような読書になる本を選びたいと思うのです。

たとえばカントの『純粋理性批判』やニーチェの『ツァラトゥストラはこう言った』といった本は、名著とわかっていても難解でなかなか簡単には手が出ません。またドストエフスキーの『カラマーゾフの兄弟』や『源氏物語』といった長編も、大人になってから読破しようと思っても、忙しい毎日の中で読書はつい後回しになってしまいがちです。

学生時代や新卒の頃ならまだ、年上の人から強制的に読まされるという機会がありました。ところが年齢を重ねていくうちに、そんな機会もどんどん失われていきます。そうなるとどうしても私達の読書は、学生時代に好きだった作家の本や、必要に迫られて読む仕事の本など、手軽な読書、実用性のある読書に偏りがちです。けれども世の中には、多少しんどい思いをしても読む価値のある本がたくさんあります。だからこそそういった本に、読書会の課題というきっかけを利用して、ぜひ触れてみてほしいと思うんです。

猫町倶楽部の読書会の課題本はこういった観点で毎回選んでいるわけですが、お察しのとおり案外スパルタな選書です。けれども逆に考えると、ちょっとした工夫やきっかけさえあれば、まだまだたくさんの人が古典に触れるべく、汗をかく本を読もうと思うんです。巻末に歴史の長い二つの分科会の課題本の一部を掲載しておきます。

読書会の歴史は長い

ここで少し海外の読書会についても触れておきたいと思います。

欧米で読書会は「ブッククラブ」と呼ばれ、古くからたくさんの人達に親しまれてきました。仲間内で行うものから企業が開催するものまで、規模も形もさまざま。なかでもイギリスには、入会までに何年も待たされる、老舗の人気読書会まであるそうです。ただ本について語るばかりでなく、大人同士の社交の場としても活用されているのですね。参考までに、欧米での読書会の様子が描かれている、有名な2冊をご紹介しましょう。

1冊目は、アメリカ人のカレン・ジョイ・ファウラーが書いた『ジェイン・オースティンの読書会』です。2008年に映画化されたこともあり、ご存じの方も多いかもしれません。年齢や境遇がさまざまな男女6人が、ジェイン・オースティンの著作を課題本に読書会を行い、その過程を通して、自分たち自身の問題に向き合っていくという小説です。読書会の会場となるのは参加者達の自宅の一室。その日のホストが用意したお茶と、手作りのお菓子をつまみながら、おのおのが本について意見します。欧米で一般的に親しまれている読書会の形を窺い知ることができます。

2冊目は、2016年に発売された『プリズン・ブック・クラブ——コリンズ・ベイ刑務所読書会の一年』。こちらは、カナダの刑務所で実際に行われた読書会の様子を記録したノンフィクションです。それまで読書とは無縁の暮らしを送ってきた囚人が読書に目覚めたり、本を媒介に、人種の壁を越えたコミュニケーションが生まれたりと、読書会をきっかけとして、四人たちの内面に生じるさまざまな変化が感動的に描かれています。

2冊とも読み物としても大変素晴らしい本ですので、お時間のある方はぜひ読んでみてください。

一方、日本における読書会もまた、意外と長い歴史を持っているんです。思想史学者である前田勉さんの書かれた『江戸の読書会』という本によれば、日本で最初に読書会が始まったのはなんと江戸時代だとか。参加者が同じ本を読み討論する読書会は、当時「会読」と呼ばれており、伊藤仁斎、荻生徂徠といった思想家たちのもと、主に儒学の学習のために用いられ、明治初期にかけて大いに流行したそうです。同書によると会読は、異なる意見を持つ他者への対応を通じて自己修養する場であり、なおかつ自ら困難な課題を設定して乗り越えることに喜びを見出す「遊び」の場を兼ねるものとされていたそうです。自分と同じ意見を持つ人ばかりの場であれば一人で勉強しているのと同じこと。みんなで行う読書会でこそ習得できる学びがあることに、当時の思想家達は気付いていたんですね。また当時は、身分の違いを超えて対等に議論を交わせる場というのも、大変貴重なものだったそうです。

ところが、せっかく盛り上がったこの「会読」も、明治中期になって急速にすたれてしまったのです。皮肉なことにその理由は、明治維新に端を発した身分制社会の崩壊でした。誰もが立身出世できる世の中になると、学びはただちに実利的な目的のための手段となってしまいました。新しい時代を生き残るために必要なのは、競争相手を出し抜くことであり、そのために必要とされたのは、知を共有し合うことのない密かな読書。社会変化の煽りを受け、読書は再び一人で行うものとなり、会読はいつしかすっかり忘れ去られてしまったそうなのです。

しかし現代、私達の学びの場は本のみならず、学校や塾、セミナーなど、各所にさまざまな形で開かれています。ましてやシェアの時代と言われて久しい昨今こそ、本によって得た知を他人と共有する、本の知識を議論によって深める「会読」の要素は、再び強く求められているものなのかもしれません。

第三章

読書会の効果

ここまでは猫町倶楽部の成り立ちや読書会の進行についてお話ししてきました。本章ではなぜ読書会が良いのか、読書会のもたらす効果について、より詳しくお話ししていきたいと思います。

10人いれば10通りの読み方がある

そもそも読書会とは、〝みんなで読む読書〟です。一人で読む読書と最も明確に違うのは、同じ本を読んだ人達と、感想を一つのテーブルに持ち寄るということ。これによって何が起きるかというと、同じ一冊の本にも、10人いれば10通りの読み方があると気付くことができるのです。

数年前、太宰治の『人間失格』を課題本とした読書会を行いました。その際参加していた一人の女の子が、目を輝かせながらこんな風に話してくれました。

「この本を読んで、とても勇気が出ました！」

ご存じのとおり『人間失格』は、主人公がたびたび精神衰弱に陥ったり、自殺未遂を繰り返したりする、太宰の自伝的小説とされる作品です。これを読んで〝勇気が出た〟と感じるのかと、私は大変驚きました。少なくとも私は、そんな風には感じなかったからです。でもだからといって、彼女の感想が間違っているわけではありません。私の感想だって、間違っているわけではありません。同じ本、同じ文章を読んでも、それまでたどってきた人生やその人の思考の癖、あるいは読んだときの状況などによって、抱く感想は人によって全く違うんです。一見当たり前のことのようですが、普段生活している限りでは案外、このことに気付く機会がありません。

たとえば、SNSで多くの人がシェアしているおもしろ画像に自分もつられて笑ってみたり、絶対に泣けると評判の小説を読んで泣いてみたり。あるいは、怖いと評判の映画を観て怖かったなあと思う中では、世の中の人と自分が〝同じ〟である安心感を得られはしますが、違いを感じることはありません。けれども読書会で、特に猫町倶楽部のように、ベストセラーを扱わないタイプの読書会で、一冊の本についてじっくり時間をかけて話してみると、否が応でも人それぞれ、見ている世界に違いがあることに気付かされるのです。

ときに他人は、自分が思ってもみないようなところに注目しているものです。中には、なるほど、そういう見方もあるのか！　と膝を打つようなことも多々あります。本来ならば自分の見える角度でしか読むことのできない一冊の本を、さまざまな人の目を借りながら、多面的に読み直す。そうして、著者が本に込めたメッセージを、より立体的に理解しようとする。これこそが、読書会の醍醐味だと私は思うのです。

自分の考えを客観視できる

もちろん、あなたが一冊の本を読み終えて最初に抱いた感想はあなただけのもの。読書会で周りからどんな新しい意見を聞いてもそれはそれとして、大切にするべきです。

一方で同じ本を読んだはずなのに、自分とは全く違う感想を持つ人に出会ったとき、「どうして自分はそう思わなかったんだろう?」と、自分自身を振り返ってみると、そこに思わぬ発見があるかもしれません。

同時に、私たちはつい、「この人はどうしてこう思うんだろう?」と、相手のことを考えようとしてしまいます。が、人の頭の中を覗き見することはできません。仮にもし友達や家族など、長く深く知っている人物であれば、その人の思考回路をある程度理解することも可能でしょう。けれども、読書会でテーブルをともにする人というのは、多くが初対面か、何度か話をしたことがあるという程度の相手となるでしょう。そんな人がどうしてそう考えたのかを考えたところで、その場ですぐに答えを出すのは難しいものです。

より建設的な時間を過ごすためには、「こんな風に考える人が世の中にはいるのに、自分はどうしてそうは考えなかったんだろう？」「この本を読んだ自分の考えは、自分のどういうバックグラウンドの上に生まれたものなのだろう？」と、相手との違いを機に、自分のことを振り返ってみるといいと思うのです。

たとえば、仮にもしほかの人が印象的だと感じた部分が自分には全くそうは思えなかったとすれば、その部分が自分にとっては至って日常的なものであるせいかもしれませんし、もしくは逆に、あまりにも自分から遠く、記憶のすみに引っ掛けておくためのフックすら持ち合わせていなかったからかもしれません。

一説によると、人は誰しも思考グセを持っていると言います。思考のクセは、生まれてからそのときに至るまでのさまざまな経験や、その人の持って生まれた個性や、そのほかたくさんの要素が複雑に絡み合って、偶然に出来上がったもの。自分で自分が持っているクセに気が付くのは、とても難しいそうです。だからこそ、読書会という場を活用してください。みんなの話を聞きながら、自分を客観視する。自分の思考のクセに意識を向ける。そうすることで、思わぬ気付きが得られるかもしれません。

アウトプットなしにはインプットと呼べない

本来読書とは、本を読み、情報や知識を得ること。つまりインプットです。そして読書会というのは、インプットした情報や知識を自分なりに咀嚼《そしやく》し、他者に発信する場、アウトプットの機会ですね。私はこの読書会におけるアウトプットを、インプットを正しく完了させる上で不可欠な行為であると考えています。

本には、作者の気付きや、創造した世界がまとめられています。読み進める私達は、本を読み終わるとつい、書かれていることを自分がすっかり理解できたような気になります。けれどもためしに最近読んだ本について、どういうことが書いてあって、自分はどう考えたか、身近な人に説明してみてください。相手を納得させるような説明をしようと思うと、案外難しいんです。端的にあらすじだけ伝えてもきっと本当の面白さは伝わりません。何が面白かったのか、何に納得したのかがしっかり整理され言語化され、腹落ちしていなければ、他者に伝えることはできないのです。

そして、もしうまくできなくても、どうか安心してください。これはひとえに訓練次第なんだと私は思います。実際、読書会に参加し続けてくれている方たちは、たとえ人前で話したり、文章を書いたりするような仕事に就いていなくても、思いを言語化するのがどんどん上手になっていきます。最初は難しくても、経験を積んでいくうちに、するすると言葉が出てくるようになります。目の前にいる、自分の話を聞いてくれる人に、少しでも納得してもらおうと思いながら話をしていると、自分の頭の中に無造作に転がっていた思考のかけらが、パズルのピースのように少しずつはまって、まとまっていくのです。

私は、自分の発する言葉に一番影響を受けるのはほかならぬ自分自身だろうと思います。よく、思考の整理のためには思っていることを書き出してみるといいと言いますよね。考えていることを言語化するだけでいいというのであれば、チラシの裏や日記帳など、誰も見ないところにつらつらと書き出せばいいのでしょう。けれども真の意味でのアウトプットとは、自分以外の人が理解できるように伝えること。目の前に生身の相手がいて、伝わればなるほどと頷き、伝わらなければ難しい顔をしてくれる。相手のリアクションを受け止めながら言葉を発するうちに、本からのインプットが自分の中により深く内在化されていくのだろうと、私は思うのです。

読書でグレーに留まる力を養う

日本に生まれ育った私達は、「対話」があまり得意ではありません。子ども時代、学校で経験した〝話し合い〟といえば、何か一つの議題があって、ある程度意見を出した末に、最終的には多数決で白黒つけるというものでした。けれどもそんな風に白黒つける行為が、果たして子どもにとってどれほど有益な学びなのだろうかと、今となっては疑問に感じます。

そもそも、白黒つけるというのは極めて単純な行為です。白黒ついた瞬間に、勝ち負けや優劣がはっきりします。負けたり、劣っているとされた側は一時的にモヤモヤするでしょうが、黒星がついた以上は負けは負け、それ以上抗いようがありません。

たしかに、人生には勝ち負けがはっきりする話し合いを必要とする場合もあります。プレゼンや議論で勝つには、自分の主張の正当性を強調し、相手を納得させる、あるいは説き伏せる必要があります。もちろん、負けることもあります。子ども時代の多数決で負けた経験は、大人になってから潔く負けを認める、黒星を受け入れるということを模擬体験できる良い機会となるかもしれません。しかし読書会を通じ、私が常々重要だと感じるのは、白や黒をはっきりさせることではなく、むしろその中間。グレーに自分を留め置くということなのです。

私達が学校や社会で経験する多くの〝話し合い〟とは違って、読書会には白黒つける必要がありません。そういうタイプの話し合いは、一見易しいようで、慣れていない人には案外難しいものでもあります。なぜかというと、会話が建設的である必要もないし、生産的である必要もない。誰かに勝つ必要もない。つまりは日頃、社会の中で良い評価を得るために身に付けた技術を、一度すっかり手放さなければならないからです。

正しいと思うことを理路整然と主張するのって案外簡単です。間違っていると思うことを理路整然と否定するのも、やっぱり案外簡単です。難しいのは、この側面から言えばこういう良さもあるけれど、この側面から見ればこういう難点もある、というように、一つの物事の判断を中間地点に保つことなんです。なぜ難しいかというと、中間地点に自分を留め置く、というのは絶えずバランスを取り続けていなければならず、常にどこが中心かを考え続けなければならないからです。

「これはこうだ！」もしくは「これはこうではない！」と言い切るスタンスを取れば、切り捨てた方については、その後、一切考えないことになります。また、一見そちらの方が潔くも感じられます。「これはこうだが、こうではない場合もある」では、自分がどうも煮え切らないやつに思えてしまいます。けれどもつまるところこの〝煮え切らなさ〟こそが、私達の知り得る最大の真実なのではないかと私は思うのです。

貧しさから空腹に喘ぎ、ついにはたった一つ、パンを盗んだ幼い日のジャン・バルジャンは悪でしょうか？　『罪と罰』のラスコーリニコフは？　『こころ』の先生はどうでしょうか？

長きにわたり読み継がれる文学が私達に教えてくれることは、一貫してこの割り切れなさに通じています。まさにこれが、当初ビジネス書読書会として始まった猫町倶楽部が文学を扱うようになった一番の理由でもあります。

文芸評論家の福田和也さんは、『成熟への名作案内』という本の中でこんなことを言っています。

〝貴方が、日常に、毎日の暮らしの繰り返しにはまり込んでいるのならばいい。しかしもしもそこから溢れでるものを持っているのならば、貴方は書物をしか友にできない、書物の中にしか自分の姿を見出せない、いくつかの夜をもつだろう。〟

ビジネスやコミュニケーションのみならず、毎日の暮らしから溢れ出る自分自身を救ってくれるものが読書であるならば、私は、このときの読書というのはやはり、ビジネス書でなく文学だろうと思います。ビジネス書は、社会の中で戦う自分を強化してくれるものです。しかし漱石の『こころ』ならば、あるいはドストエフスキーの『地下室の手記』ならば、日常からこぼれ落ち、所在ない自分の受け皿になってくれるように思うのです。

曖昧さを抱え続けることが知性

世の中に生きるさまざまな人間のさまざまな生活と、そこに生じるさまざまな事象。どこを切り取るかによって無限の捉え方ができるのは、人間特有の多面性、複雑さゆえです。だからこそ私達はこの複雑さを、複雑なままに受け止めなければなりません。もちろん、複雑な構造を完全に理解した上で、なんて言いません。そんなことは土台無理な話です。だからといってもつれた糸をハサミでバッサリ切ってしまうのでなく、いつまでも延々ともつれを解く努力を続けなければならない、そんな風に思うのです。

当然ながらこれには、忍耐力も、気力も、体力もいります。もうやめた！ と放り出したくもなります。白黒つけるだけなら忍耐も気力も、体力もいらず、一瞬で片がつくのです。白黒つける方が、グレーに留まるよりはるかに簡単なことなんです。でもそうすることによって、それ以外のあらゆる選択肢が、すっぱりと削ぎ落とされてしまうということなのです。

けれども最近はこれまでになく、白か黒かをはっきりさせたいという人々の欲求が増大しているように感じられます。一つには、インターネットが一般化した影響が大きく横たわっているでしょう。広大で無秩序なインターネット上の世界では、眩しいほどの白か、あるいはゾッとするほどの黒でなければ人目を集めることができず、「いいね！」やシェアの数が増えません。より多くの人の注目を集め、承認欲求を満たすには、極端な意見を発することが最も手軽な方法となってしまいます。

本来なら、一日に取得する情報量が増えれば増えた分、それまでは知り得なかったことを知ることができるようになるはずです。それによって、世の中の複雑さもより身近になり、シンプルなやり方ではこれらの複雑さを網羅することが不可能であると、多くの人が気付けるようになる。単純に考えるとそうであって良さそうなのに、残念ながら現状はそうではないように見受けられます。煮え切らない状態を抱え続ける力。安易に白か黒かをはっきりさせず、グレーに留まり続ける力。私はこれこそ「知性」ではないかと思います。これだけあらゆる情報に溢れた今なお、本を読むべき理由、そして、読んだ本について正解のない中で語り合う目的は、こういった意味での知性を養う、ということにあるのです。

教育の場でこそ必要な読書会

私のある友人は、地方の専門学校で若い人達に小説の書き方を教えています。着任した当初、彼は生徒達にしっかりと課題を出し、立派な小説家を輩出しようと、あれこれ手を尽くしていたそうです。ところが、期限までに小説を書き切れなかった生徒が、一人、また一人と授業に出なくなる状況を前に、このままではせっかく親御さんが払ってくれた高い学費が無駄になってしまうと危惧し、授業の内容を大幅に変更。なんと、書かせることをやめたと言うんです。では何をしているのかと尋ねてみると、クリエイターになる上で最低限必要なコンテンツを、教養としてインプットすること、つまり、名作とされる映画やアニメを観せることを授業のメインに据えることにしたそうです。すると彼はこの授業の中で、思わぬ発見をしたと言います。なんでも今の若い人達には、アクションより、ラブロマンスより、B級ホラー映画が一番ウケるというのです。アニメが人気とでも言われた方がまだ納得のいきそうなところですが、なぜB級ホラー映画なのでしょうか。彼に尋ねると、こう教えてくれました。

「わかりやすく怖い映画は、誰が見ても怖い。感想に間違いがないからです」

なるほど、と唸らされると同時に、とても複雑な気持ちになりました。的外れなことを言って恥ずかしい目に遭いたくない。けれども、映画を観て抱いた感想を適切に言い表せるほど豊富な語彙を持ち合わせていない若者達。彼らには、誰が観ても「怖かった」で大きくハズレない、ホラー映画こそが好まれるというのです。

「ヤバイ」という言葉だけで感情を語らないために

〝空気を読めない〟の略として〝ＫＹ〟という言葉が流行ったのは２００７年のことですが、これ以降日本では、人と違うことを言ったり、調和を乱したりする行動を取ることが、それまで以上に悪しきこととされ、忌み嫌われる風潮ができてしまったように感じます。自分自身の考えと向き合うより先に、マジョリティの意見と同じことを言うこと、人とハズレないこと、他者と同一であることが正解とされる世界。

今の若い人達は本当によく「ヤバイ」という言葉を使いますが、この背景にも同じような心理が働いているのではないかと私は思います。何しろこの「ヤバイ」という言葉は、喜びも、悲しみも、驚きも、怒りも、すべての感情を表すことに使われます。この言葉を使っている限り大きくハズスことはありません。もちろん、私だって決して語彙が豊富な方ではありませんし、若い人達に影響されてつい、あるいは若い人達に伝わる言葉で表現しようと意識的に、この「ヤバイ」を使うこともあります。どう表現するのが適切か、ああでもない、こうでもないと難しいことを考えずとも、感動を手軽に表すことができる「ヤバイ」は、実際とても便利です。実感があるからこそ、余計に現状を危惧しています。何しろ思考を育むのは、言葉以外の何物でもありません。すべての事象が「ヤバイ」に集約されるということは、色彩豊かな思考が失われるということにほかならないのです。

ですから私は、子ども達の学校の授業でこそ、ぜひ読書会を取り入れてほしいと思っています。昨今、日本でも読書の重要性はすでに広く知られ、読書タイムを設けている学校はたくさんあります。しかし、これまでお話ししてきたように、読書会には、一人で行う読書では決して得られない良さがたくさんあります。国語の授業の一環で行われる文章読解には正解とされる読み方があります。けれども、読書会の時間にみんなで行う読解は、正解のないものでなければなりません。感想が違って当然、という前提で、自分の抱いた感想を臆せず、言語化する。このような経験を日常で数多く積ませることによって、子ども達は人間の本来の多様性を学ぶことができます。読書会に慣れ親しむことで、同じでなければならない、同じ言葉しか使えないといった強烈な同調圧力も軽減されるのではないかと思うのです。

第四章

読書は遊べる

読書のイメージを壊したい

文学を扱う分科会、「文学サロン月曜会」を立ち上げた当初から、私には一つ、テーマとして掲げていることがありました。それは〝読書で遊ぶ〟ということです。

特に普段あまり本を読まない人達にとって、〝読書〟というと、知的な人達のストイックな営み、一人で行う崇高な趣味といったものがイメージされるでしょう。私は、せっかく文学をみんなで読むのだから、こういった気位の高い読書のイメージを壊して、いっそのこと、とことん遊んでやろうと思ったんです。

かつて私のいた80年代の夜の六本木では、何をやるにも楽しいかどうかがすべてでした。ただ毎晩ディスコに集まり踊るばかりでなく、ときには人気アイドルのものまねをしてショーを開いてみたり、オリジナルのダンスを作って流行らせてみたり。くだらなくも楽しい遊びを考えては、時間を過ごしていました。そんな当時の遊び仲間たちにとって、読書とは決して楽しいものとして認められてはいませんでした。むしろ、どちらかといえば、ディスコなんかには縁のないような、おとなしいやつの趣味と、やや見下されがちなものでした。

一方で、本を読む人達から見れば、毎晩、繁華街に集まって、踊ったり遊んだりしているチャラチャラした連中、ろくに本も読まないような連中は、知性の乏しい、やはり見下されるべき存在だったことでしょう。

けれども私にとっては、六本木で遊ぶのも、読書をするのも、どちらも等しく楽しいことであり、どちらも等しく刺激的なことでした。そして、どちらの世界にいる人も、ただそのことを知らないだけなんだろうと常々思っていました。ですから、古い友人、朴の要望で文学サロンを作るにあたって、私は、六本木にいるような遊び人達と、六本木にはいないような読書好きな人達が、等しく入り交じって楽しめるような、読書とともに遊ぶ場を作っていこうと思ったんです。

ドレスコードのある読書会

こういった目的で一番に思いついたのがドレスコードでした。言うまでもなく学生時代の夜遊びからヒントを得たものです。当時は、遊びに行くのにわざわざドレスアップして出かける時代でした。数多くあったディスコの中には少なからず、お客にドレスコードを課す、ハードルの高い店もありました。貧乏大学生ながらそんな店に出入りするようになると、何だか得意な気がしたものです。また私自身も、当時お世話になっていたディスコを貸し切り、男性はタキシード、女性はドレス着用のパーティを企画したことがあります。今で言うコスプレのようなもので、普段滅多に着ない服を着て出かけると、それだけで何だか別人になったような気分になり、自分の振る舞いも変わります。着飾るというのは、最も手軽に非日常を演出できる行為です。

ですから、読書会にもドレスコードを設けることで、より特別で、華やかな気分を演出できるだろうと考えたわけです。……が、実はこの新しい施策、最初に提案した際には一部のメンバーからかなりの不評を買ってしまいました。そんなことをすれば、せっかくこれまで参加してくれていた人達が、ドレスコードを憂慮して来なくなってしまうと言うんです。まさかそんな反応が返ってくるとは思わず驚きましたが、言われてみれば確かにそうかもと思わされる部分もありました。読書会の規模が大きくなるにつれ、読書を趣味とする文化系の人達と、はたまた私のよく知る六本木の遊び人達とでは、基本的な考え方、感じ方が大きく異なるということを学びました。古株メンバー達の言うとおり、参加してくれる人達の中には、どちらかといえばおとなしく、シャイな人も少なくありませんでしたので「ドレスコードなんてとてもとても……」と俯く人達の顔が、思い浮かばないこともありませんでした。

とはいえ、何事もやってみなければわかりません。主宰者権限でまずは一度、村上春樹の『世界の終りとハードボイルド・ワンダーランド』（上・下巻）読書会で実践してみることにしました。ドレスコードは、上巻の装丁と、登場人物の服の色からイメージして、〝ピンク〟に決めました。また読書会当日は、ベストドレッサー賞も選ぶことにしました。参加者の投票で、その日一番お洒落な人を決めてもらうのです。

みんなドレスコードを楽しんでくれるだろうか……。一抹の不安を抱えつつ迎えた読書会当日。一人、また一人と参加者を迎え入れる会場は、たちまち華やかなピンクに染まりました。みんなしっかりドレスコードを守って、ピンクを取り入れた装いでやってきてくれたのです。普段なら、読書会が始まる前というのは多くの人が比較的静かに、自分の席から周囲の様子を窺っているようなことが多いのですが、この日に限っては、読書会が始まる前からずいぶん賑やかでした。というのも、ドレスコードを設定することで、本に加えて、さらなる会話のきっかけが生まれ、結果的に参加者同士の会話もいつも以上に弾んだのです。

それから10年以上経った現在、ドレスコードは猫町倶楽部の読書会を象徴する文化の一つとなりました。ドレスコードのためだけに洋服を手作りして参加する方もたくさんいます。ドレスコードを楽しむために本を読む、という方もいます。ベストドレッサー賞は、そんな彼らのモチベーションの一つとなっています。

素晴らしい本の中には、素晴らしい世界が広がっている。だからこそ私は、もっと多くの人が、気軽に本の世界に触れることができればいいと思うし、そのために、読書のハードルを下げたい、と考えています。楽しいから……、あるいは、誰かと話せるから。動機が何であろうと、普段の自分の関心の、一歩外側にある一冊に手を伸ばす。もしかするとそれを機に、その人の人生ががらっと変わることだってあるかもしれません。大人たちが読書をストイックで高尚な趣味に据え置いたままにしてきたことによって、読書なんて自分には縁のない趣味だと感じている若者も少なくありません。まずは何より接点が必要です。読書の入口は、もっと色んなところに、たくさんあっていい。私は、そう思うのです。

ゲストを招くことのメリット

「読書で遊ぶ」を実現するために、ドレスコードとともに取り入れたもう一つの施策が、ゲストを招くことでした。

そもそも多くの読者にとって、本の著者とは、自分とは住む世界の違う人、雲の上の人というイメージがあるものではないでしょうか。だからこそ、本の内容がより輝いて見え、ありがたく受け止められるという効果もあるにはあるでしょう。その一方で、場合によっては、〝どうせ自分とは違うから〟と、最後の最後で「自分ごと」にならないというデメリットもあります。だからこそ、著者と実際に会って、同じ目線で話ができると良いんじゃないかと思ったんです。

ですから猫町倶楽部の読書会では、ゲストにただ登壇してもらうだけでなく、読書会中に各グループのディスカッションへの参加をお願いしています。これによって参加者は、疑問に思ったことや感想を、著者に直接投げかけることができます。さらにゲストが懇親会まで残ってくださる場合には、ご飯を食べたり、お酒を飲んだりしながら、より気さくに親睦を深めることができるのです。

私達の読書会に初めてゲストを招いたのは2008年のことでした。最初の一人を、一体誰にオファーするべきか、実は悩みに悩みました。その当時、猫町倶楽部がメディアで紹介される際にはすでに〝日本最大規模の読書会〟という見出しが添えられるようになっていました。それでも、一般的に見ればまだまだ得体の知れない団体です。猫町倶楽部という名称もまだなく、団体名は「名古屋アウトプット勉強会」と「文学サロン月曜会」でした。出てくださいと打診したところで、よし、出よう！　と言ってくれる人はいるんだろうか、どうせ断られるんだろう、と思っていました。

しかし、そんなことを考える中でふと頭をよぎったのは、私の好きな写真家、杉本博司さんの有名なエピソードです。それは、杉本さんがまだ写真家として駆け出しだった頃のこと。何とか実力を示さねばと考えた杉本さんはなんと、自分の作品を真っ先にＭｏＭＡ（ニューヨーク近代美術館）に持ち込んだそうなのです。すると、杉本さんの写真はその場で買い取りが決まり、杉本さんはここから、私達のよく知る華々しいキャリアをスタートされているのです。

言うまでもなくＭｏＭＡとは、芸術を志す人達の最高峰として知られる美術館。普通なら「いつか必ず」とキャリアの到達点の一つとして目指されて然るべき場所です。ここを真っ先に狙い、攻め落とした杉本さんのこのエピソードが、私はとても好きなのです。ですから私は、杉本さんにならって、声をかければ絶対に来てくれそうな人に頼むのではなく、ダメでもともとでも、自分が本当に会ってみたい人、一番お話を聞いてみたいと思う人に打診しようと決意しました。そこで、以前から著書を読んではかっこいい大人だなあと思っていた、ミュージシャンで文筆家の、菊地成孔さんに打診のメールを送ったのです。

まあ無理だろうなと諦め半分。でももしかすると……そんな希望も半分、といったところで待つこと数日。菊地さんのマネージャーさんから登壇快諾のご連絡をいただいたときには、思わず「やったー！」と、飛び上がって喜びました。のちに菊地さんご本人に「なんでこんな得体の知れない団体の登壇を引き受けてくれたんですか?」と尋ねると、ミクシィコミュニティなどを見て判断してくださったとのこと。「最初は怪しい宗教団体かと思ったけど」という菊地さんの一言に、思わず笑ってしまいました。

ちなみにこのときの読書会では、せっかく登壇していただけるのだからと、海外文学をテーマに、菊地さんに課題本を選んでいただきました。挙げられてきたのは次の4冊でした。

①ヘミングウェイ『キリマンジャロの雪』(角川文庫)
②ボルヘス『伝奇集』(岩波文庫)
③バタイユ『眼球譚(初稿)』(河出文庫)
④G・ガルシア=マルケス『百年の孤独』(新潮社)

4冊のうちどれか1冊をタツヤさんが課題本として選んでください、ということでしたが、せっかくなので『百年の孤独』以外の3冊をすべて課題本とし、参加する人に、そのうちのどれか1冊を読んできてもらう、ということにしました。『百年の孤独』だけは、他と比べるとボリュームのある小説なので、別途時間をとってしっかりやりたいと思ったのです。

かくして実現した私達の初のゲストイベント「菊地成孔の選ぶ3冊」は、多数の初参加メンバーを含む、合計65名の参加者を迎え、大盛況のうちに幕を閉じました。あの菊地さんとこんなに近くで話せるということに、メンバーも終始、大興奮でした。

〝菊地成孔も登壇〟というありがたい実績ができたおかげで、これ以降も定期的にゲストイベントを開催できるようになりました。立ち上げから13年が経った今日に至るまでには、作家、文化人の実に１００名を超えるみなさんにご登壇いただいています。また２０１１年以降は、ゲストと行く1泊旅行企画も始めました。その日初めて会う読者たちと、１泊２日をともに過ごしてください、という一見無謀とも思える依頼を、ゲストの方々は案外快く引き受けてくださるんです。この企画にはこれまでに、作家の中村うさぎさんや歌人の枡野浩一さん、宗教人類学者の植島啓司さん、書評家の豊﨑由美さん、小説家の吉川トリコさん、文筆家の千野帽子さん、小説家の海猫沢めろんさんなどが参加してくださっています。

さらに、2016年には満を持して、私の憧れていたあの杉本博司さんを講師にお迎えしたイベントも実現しました。東京都写真美術館で開催された個展「杉本博司ロスト・ヒューマン」を、杉本さんの解説つきで鑑賞した後、図録で読書会を行う、という大変ぜいたくなものです。猫町倶楽部の歴史の中でも、際立って感慨深いイベントになりました。

頭と体に優先順位なんてない

読書会を運営する中で、私自身にもたくさんの学びがありました。そのうちの一つは、コミュニケーションにおける作法です。立ち上げ当初、私は、メンバーとガッチリ肩を組んだり、ギュッと力強く握手をしたりすれば、その分強い信頼が伝わると疑いもしませんでした。なぜなら六本木のチーマー時代に、先輩や後輩との間でその方法がたしかに機能したからです。

しかしこういったコミュニケーションは、実はやや独特なものだったのだと、のちに気付かされることになります。というのも、あるときメンバーの一人から、〝タツヤさんのコミュニケーション、正直ちょっと怖いです〟と、申し訳なさそうに指摘されてしまったんです。そ、そうだったのか……!? と深く反省しました。それ依頼、メンバーの若い方達がどのようにコミュニケーションを取っているかということを、注意して観察するようになりました。するとたしかに、たとえ同性同士であろうと、気安く肩を組んだりしないことがわかりました。それどころか、ただ並んで座るのだって、触れ合いすぎないよう適切な距離を置くという感じで、丁寧な配慮があることがわかりました。時代や文化圏が違えば、コミュニケーションの作法だって違って当然。私も彼らにならって、自分の無意識な態度や距離感を改めることにしました。

一方、長く読書会を続ける中で、私は次第に、妙なひっかかりを感じるようになりました。課題本についてどんなに言葉を交わしても、コミュニティの仲間としてどんなに長い時間一緒に過ごしても、どこか今一歩、理解が深まりきれずに終わってしまう。本の学びもコミュニケーションも、血肉となりきることなく、言葉遊びで終わってしまう。そんな、消化不良の感覚が毎回残るようになったのです。

こういった思いから私は2012年、猫町倶楽部で、その名も「猫町ナイト」と銘打ったクラブイベントを開催することにしました。私や希望者がDJとして曲をかけ、参加者は気持ちの良い音楽に身を任せてダンスをする、読書とはかけ離れたイベントです。

とても楽しいことには違いないのですが、当初コミュニティ内には大激震が走りました。多くの子が、タツヤさんは一体何を考えているんだと困惑の表情を見せました。しかし私は、読書会だけでは足りないあと一歩を補うには、まさにこういうことが必要だろうと、強く感じたのです。

思えば、かつての六本木仲間の多くは、決して語彙を豊富に持っていませんでした。そのため、コミュニケーションには言葉だけでなく、表情やジェスチャー、声色など、体による表現を多く使います。たとえば、先輩は後輩の肩をポンと叩きますが、後輩から先輩の肩を叩くことは決してありません。それは、肩を叩く行為が〝自分が上だぞ〟という力関係を暗に示すからです。また向かい合った相手と胸の前でガッチリ拳を握り合うと、対等な関係、信頼している、といった気持ちを伝えることができます。こういったことは、あえて誰かに説明されずとも、コミュニティの中にいれば誰もがみな、暗黙のうちに理解することです。

ほかにも、面白ければ大げさなくらい大声で笑う、怒ったときには睨みを利かせるといった非言語コミュニケーションを通じて、たとえ言葉を少ししか知らなくとも、目の前の相手と信頼関係を結ぶことができました。当時、コミュニティの中に身を置くことによる絶大な安心感は、紛れもなくこの延長線上にあったように思うんです。

もちろん、だからといって非言語コミュニケーションが言語コミュニケーションの上位にあると言いたいわけではありません。かつての私達には、カッとなるとすぐ手が出てしまうという欠点もありましたから、もしあのときに豊富な語彙を持っていれば、やりあって痛い目を見る機会は、はるかに少なくてすんでいたでしょう。

読書によるインプットと読書会でのアウトプット、この二つを重ねれば重ねるほど、思考は深まり、語彙や表現のストックは増えていきます。ウィットに富んだ会話や、知識の交換はそれだけでも十分刺激的です。けれども、論理的思考だけで世界を把握した気になってはいけないと私は思うのです。

ですから、「猫町ナイト」の中ではわざと、最近のクラブでも滅多にやらなくなった、チークタイムを設けています。チークタイムとは文字どおり、男女2人が頬（チーク）と頬を寄せ合うほどの距離で抱き合い、ゆったりとダンスをする時間です。気になる人を誘ってみる。誘いに乗ってみる。誘いを断ってみる。手を握ってみる。そういったことを通じて、より生身のコミュニケーションが体験できる機会になればいいと考えているのです（もちろん、気乗りしない人は無理に参加する必要はなく、周りでお酒を飲んだり、おしゃべりをしたりしていて構いません）。

数学者の岡潔はその著書の中で、難しい問題に挑む際、ただ机に向かうのでなく、家の外に出て、自然の中に身を置くと語っています。美しい花や山を眺めていると、ふいに答えがひらめくことがあると言うのです。

体や、体を通して得る、言葉にできない感覚。私達はこういったものからも常に情報を受け取っています。そして言語による情報と非言語の情報は右と左のタイヤのようなもの。自分をまっすぐに前進させるためには、両輪を同じように回転させなければならないと私は思います。特に近年、インターネットがかくも身近なものとなり、人と人とのコミュニケーションに、必ずしも対面での接触を必要としなくなりました。そのせいか、私達は以前より、体から受け取る刺激に対して臆病になりつつあるようにも感じます。さらに輪をかけて、心と体のロックを安全に外せる場というのも、年々少なくなってきているように思うのです。

そんな危機意識から始まった「猫町ナイト」、いざやってみると、とても多くの方が楽しんでくれています。参加してくださる方の大半は踊り慣れていないのですから、ダンス初心者だったとしても、クラブに行ったことがなくても恥ずかしがる必要は全くありません。

回を重ねる中で、猫町ナイトは著者のみなさんにも愛されるイベントに育っていきました。これまでには、哲学者の國分功一郎さんや音楽評論家の鈴木淳史さんをはじめとして、たくさんの文化人が、ＤＪとしてプレイしてくださっています。不思議なことに、猫町ナイトでプレイしてくださる作家ＤＪのみなさんは、音楽を流す傍らマイクを持ち、自ら熱唱するというスタイルがお決まりのものになっています。好きな作家の思いがけない一面を見ることができるというのも、猫町ナイトの人気の秘密です。

大人の遊び場はもっとあっていい

以前、あるゲストの方に、「猫町倶楽部のイベントってスパルタですね！」と、驚かれたことがあります。どういうことですか？　と尋ねると、「だって今日のイベント、トータルで10時間やってますよ！」と。

恥ずかしながら私、指摘されて初めて気が付きました。その日は14時から17時までが読書会とレクチャー、17時から19時までが懇親会、19時から22時までが猫町ナイトで、入場から撤収まで含めるとたしかに、約10時間に及ぶ拘束時間でした。参加者の方もタフですが、ゲストはもっとタフです。読書会中は各テーブルを回り質疑応答、レクチャーでは1時間以上壇上で話をして、さらに懇親会でも参加者と交流、挙げ句、猫町ナイトではＤＪまでやるというわけで、これほど著者を〝こき使う〟読書イベントって、ほかにはまずないのではないでしょうか（笑）。

こんなスパルタなイベント設計に何か理由があるのかと言われると、別にないんです。やりたいことを全部やりたい。もっと遊びたい。そう思って詰め込んだら、10時間になってしまいました。しかし不思議なことに、過去12年にわたる猫町倶楽部の歴史の中で、〝イベントが長すぎるから短くしませんか〟というような提案は、運営の主体であるサポーター（詳しくは後述）からも参加者からも一度も挙がったことがありません。20代も50代も、同じようにノリノリで楽しんでいます。きっと、みんなも遊びたいんでしょう。

昨今、どうも街に大人の遊び場が足りていないんじゃないかと思います。体力に自信のある人ならまだ恵まれています。テニスやフットサル、登山など、大人同士で楽しむことのできる遊びに、それなりにバリエーションがあるからです。けれども文化系の人達は、誰かと一緒に楽しむことのできる遊びの種類が極端に少ない。それこそ読書会や美術館めぐり、あるいはトークイベントに顔を出す、といったところでしょうか。

大人の遊びとして最も身近なものといえば、やはり飲み会でしょう。しかし私自身は下戸なので、飲み会を遊びにカウントすることはできません（にもかかわらず読書会の打ち上げで年間100回ほどの飲み会に参加しているのですが……)。音楽は好きですが歌うのは苦手で、カラオケにも滅多に行きません。その代わりに、ライブやコンサートに行ったり、能や浄瑠璃を観に行ったりします。

遊びが文化を発展させてきた

日本ではそもそも、遊びはあくまでも子どものものであって、大人が遊ぶなんて不真面目だとでも言うような、どこかそんな風潮が根強くあるように思います。しかし遊びって、案外馬鹿にできないものです。

オランダの歴史家、ホイジンガの書いた『ホモ・ルーデンス』という本をご存じでしょうか。〝ホモ・ルーデンス〟は日本語で〝遊ぶ人〟を意味するラテン語です。この本の中で筆者は、人類を人類たらしめる最も重要な要素として、ほかでもない〝遊び〟を挙げています。

今日に至るまで、〝人間の文化は遊びにおいて、遊びとして、成立し、発展した〟と語るホイジンガ。善や悪ではなく、楽しい、あるいは美しいといった感情で動機付けられた私達の行動こそが、言語や社会システムといった人間の文化を発展させてきたという考え方です。自分自身の行動を振り返ってみても、ナルホドと納得する人が多いのではないでしょうか。

また、日本で遊びといえばこの一首ですね。

〝遊びをせんとや生まれけむ　戯れせんとや生まれけん
遊ぶ子供の声聞けば　我が身さへこそ揺るがるれ〟

1180年頃、後白河法皇が編纂したとされる歌謡集『梁塵秘抄』に収録されていることの歌。現代語に訳すと次のようになるでしょうか。

〝遊ぶために生まれてきたのかと思うような、戯れるために生まれてきたのかと思うような、子どもたちの声を聞けば、大人である私の体もまた、自然と動き出してしまう〟

「童心」という日本語もあるとおり、大人であってもふと、子どもの頃の無邪気な気持ちを取り戻し、我を忘れて遊びに没頭してしまうような経験は誰にでもあるものでしょう。大人になってもなお一生懸命、全力で遊ぶ。人間の本質に迫るためにこそぜひ、真面目に取り組んでみてはいかがでしょうか。

自分に最適化された情報の外に出る

昨今、街の本屋さんが経営難により次々と閉店しています。何しろアマゾンなどインターネットの本屋さんに頼めば、朝に頼んだ本が、早ければその日のうちに玄関先まで届けられます。電子書籍なら購入した数秒後にはデータをダウンロードし、読み始めることができますし、古本だってネットで買えます。本を見つけて読むまでのアクセスは、短くなっています。

一方で、こんな経験はありませんか？　一度インターネットで経済の本を購入したがために、〝あなたにおすすめ〟と、延々と似たような経済の本をおすすめされる。

もしくは、一度好きな作家の本をインターネットで買ったところ、その作家の本や、その作家に似た作風で知られる作家の本ばかりを延々とおすすめされる。

2018年に、編集者の都築響一さんをお迎えして、フランス書院文庫から出されている官能小説を課題本に読書会を行ったことがあります。このときあるメンバーが「参加はしたいんですけど、課題本を手に入れるのが難しいので参加できないかもしれません」と言うんです。アマゾンですぐに手に入るよ、と言うとそのメンバーさんいわく、アマゾンで注文すると自分の履歴に官能小説を買ったというデータが残り、以降〝あなたにおすすめ〟で延々と官能小説が表示されてしまう、それがどうしても嫌だ、ということなのです。まさかそんなことがネックになっていたとは、と驚かされたものです。

このように、私達がネットショップでよく目にする「あなたにおすすめ」はターゲティング広告というインターネットの広告手法の一つです。その人が過去に閲覧もしくは購入した商品データを基に、この人にはこういう趣味や嗜好がありそうだとAIが自動的に判断し、それに見合った商品をおすすめします。そうすると続けて購入してもらえる確率も高くなるだろうという狙いがあるのです。

またターゲティングという手法は、商品を買ってもらうばかりでなく、自分たちのサービスをより長時間利用してもらうためにも用いられます。たとえばSNS。最近ではツイッターもフェイスブックも、その人が誰の、どんな投稿をよく読んでいるかを分析し、サイトを開いたとき、真っ先にその人が好みそうな投稿を優先的に表示させる機能を備えています。多くのニュースサイトでも同様に、その人の関心のありそうなニュースを、視界に入りやすい位置に表示しています。さらに言えば、グーグルなどの検索サイトでも同じことが行われています。住む場所や過去の閲覧履歴など、あなたに関するさまざまな情報から、検索結果にも、あなたが見たいだろうと思われる情報を、やはり優先的に表示するのです。

「フィルターバブル」という言葉があります。アメリカ人のイーライ・パリサーという人の造語で、ターゲティング広告や個人の嗜好に最適化された検索結果によって、その人が知らず知らずのうちに自分の関心のある事柄以外に、目を向けられなくなってしまっている状態、自分の嗜好の外側に出られなくなっている状態のことです。日本語では〝情報のタコツボ化〟などと言われたりもします。ターゲティングによって何を利用してもその人に最適化された情報ばかりが提供されるようになった結果、インターネットを利用する多くの人が、知らず知らずのうちにこのフィルターバブルの中に閉じ込められていると言われています。

自分の好きなものだけに囲まれて生きていけるのだからいいことじゃないか、と思う人もいるかもしれません。しかし２０１７年のある出来事をきっかけに、このフィルターバブルがもたらす弊害はこれまで以上に問題視されるようになりました。ほかでもないアメリカ大統領選挙です。当初の世論の本命はヒラリー・クリントン。トランプなんてまさか当選するはずがないだろうといったムードに満ちていました。ところが選挙が近づくにつれてじわじわと形勢が逆転し始め、蓋を開けてみるとトランプの勝利という、驚くべき結果に終わったのです。このまさかの勝敗に大きく寄与したと言われているのが、一部の人達がお金儲けのために発信するフェイクニュース（嘘のニュース）でした。そのほとんどが反民主党、反クリントンの立場から書かれており、少し考えればすぐに嘘だとわかるような荒唐無稽な話でしたが、驚くべきことに決して少なくない人々が〝ローマ法王がトランプ大統領支持を表明〟というようなフェイクニュースを信用しました。

閉じられた空間の中でひとたび発せられた音は反響し、その後も長く響き続けます。このことをエコー・チェンバー現象と言いますが、同様のことがフィルターバブルの中でも起こると言われています。つまり、当初からクリントンを積極的には支持していなかった人達に、SNSなどを通じてトランプ支持・反クリントンの立場から書かれたフェイクニュースがシェアされ、フィルターバブルによってそれが偽ニュースであるというクリントン陣営の声明は遮断され、尚且つエコー・チェンバー現象によって、閉ざされた世界の中で、トランプ支持の気運が日一日と高まっていったのです。

自分の好みや思想に合ったものだけと向き合い、そうでない情報を知らず知らずのうちに遮断していると、偏狭的になってしまうばかりでなく、その姿勢でもって社会全体に思わぬ影響を及ぼしてしまう。米大統領選で私達はこのリスクを改めて思い知らされました。

書を持って街へ出て新しい自分に出会う

こんな現代だからこそ私達は意識的に、自分の嗜好の外に出ていく努力をしなければなりません。自分がすでに知っていることばかりでなく、まだ知らないものとも出会い続ける、そうしようと意識し続ける必要があると私は思うんです。

それはいわば、予定調和な人生における良質なノイズとも呼び得るものでしょう。自分が選んで手に入れたものに溢れている家の中では、そうそうノイズは発生しません。ましてや、インターネットの〝あなたにおすすめ〟では、かつて一度知りたいと思ったことしか教えてくれません。

街の書店に行って、欲しいと思っていなかった本をつい買ってしまうというのはよくあることです。また、どんな曲かも知らないけれど、お洒落なジャケットに惹かれてついCDを手に取ってしまった、そんな経験を持つ人も少なくないでしょう。つまり良質なノイズとは、えてして家の外にあるものだと私は思うのです。

だからこそ、やっぱり読書会です。知らない誰かが勝手に決めた課題本を読んで、その会に参加しなければ出会わなかった人と言葉を交わす。読書会はまさに、自分にノイズを取り入れることのできる場所なのです。

〝書を持って街へ出よう〟

私はよくこういう言葉を使います。日常の延長線上には決して発生し得なかったであろう偶然の出会いを求めて、書を持って街へ出ましょう。家の中で一人で本を読むのでなく、家の外で、みんなで読んでみましょう。知らない誰かに指定された課題本を読み、それについて知らない人と話してみる。その場には日頃あなたが読まないような本を読む人がいて、日頃接することのないような分野で働いている人がいる、日頃訪れることのないような場所で開催されている……そんな会に身を置いている瞬間のあなたは少なくとも、日頃あなたを包んでいるフィルターバブルの、一歩外側に出ているだろうと思うのです。

汗をかく読書をする効果

猫町倶楽部らしい課題本を選ぶ際の条件の一つに、汗をかく読書になるかどうか、とお話ししました。普段簡単には手が伸びないような本を読むきっかけを作りたい、と。ずいぶんスパルタ思考な主宰者だなあと思われたかもしれませんが、実はこれには、ほかにもいくつか理由があるんです。

そもそも私は読書に限らず、映画でも音楽でも、未知のジャンルを楽しめるようになるまでにはそれなりの辛抱が不可欠だと考えています。というのも、あらゆる分野には、言語で言うところの〝文法〟のようなルールがあり、作品の良さを理解し、感動できるようになるためには、ある程度文法を勉強し、理解できるようになることが必要だと思うからです。

たとえばクラシック音楽。一度聴いただけでは長いし退屈だし、ついうとうと眠たくなってしまうという人もいるかもしれません。けれどもそれは、クラシックの文法を知らないからだろうと思うのです。事実、私もかつてはそうでした。もともと高校時代からバンドをやっていたこともあって音楽は好きだったのですが、よく聴くのはロックやファンクで、クラシックなんてまるで良さがわかりませんでした。そんな中、20代半ばに読んだある本に、こんなタイトルのコラムが収録されていたんです。

〝今知っているとカッコイイ、クラシック10選〟

あまりかっこいい話ではないんですが、私はこれをきっかけにクラシックを聴き始めたんです。

ていました。最初に買ったCDは、バーンスタイン指揮のマーラー『大地の歌』だったように記憶しています。当然ながら最初はどこがどういいのか、さっぱりわかりませんでした。けれどもわからないまま、何度も何度も、繰り返し聴き続けました。厳密には、ただ流しておいた、と言う方が正しいでしょう。仕事から家に帰ってきて、まずはとりあえずオーディオの再生ボタンを押す。食事をする間も、寝る前にも、同じ曲を聴く。これを延々と何日も続けていると、あるとき急に〝……ここの旋律が好きだな〟とか、〝……この音がきれいだな〟、というように、特定の部分が立体的に聴こえるようになったのです。

クラシック音楽に限らず、未知の世界の最初の扉を開けるためには、往々にしてこのように、ある程度根気強く付き合う必要があるだろうと私は思います。新しい世界の通行手形を手にするための、どうしても避けては通れない入門試験と言うこともできるかもしれません。

若い頃なら、ただでさえ新しい刺激に柔軟で、なおかつ体力もあります。だから、この辛抱の時間だってもっと大幅にショートカットできるのかもしれません。ところが年齢を重ねるとどうしても仕事や子育てで忙しくなったり、ピーク時より体力が落ちてきたりして、日々の好奇心を満たそうにも、すでにある程度知っているものだけで十分、と思うようになってしまいがちです。

何しろ人生100年時代と言われる昨今。40歳や50歳で新しい刺激を得ることをやめてしまったとして、人生はあと半分残っているのです。新しいことを知ろうとしないのは本当にもったいないことだと感じます。もちろん、一から勉強するというのは、よく知っている人達の世界に、何も知らない者として飛び込んでいくということですから勇気がいります。羞恥心を乗り越え、プライドを捨て去らなくてはなりません。すでに自分が十分よく知っている世界だけに閉じこもってしまいたい気持ちも、よくわかります。けれども、新しい世界との出会いは自ずと、新しい人との出会いをもたらしてくれます。さらに、新しく出会った人との関係にこそ、新しい自分との出会いがあるのです。

先日読んだインターネットの記事に、80代の現役女性DJが紹介されていました。アジア最高齢DJとして、海外でプレイすることもあるという彼女、なんでも本格的にDJの勉強を始めたのは77歳のときだというのです。いくつになっても挑戦し続ける姿勢、ぜひとも見習わなければならないなと思いました。

汗をかく読書、汗をかく音楽鑑賞、汗をかく勉強。何だっていいんです。最初の一歩を踏み出す好奇心と、理解を深めるためのほんの少しの辛抱、この二つがあれば、長い人生を決して飽きることなく、充実して過ごすことができるだろうと、私は思うのです。

弱いつながりが欲しい

猫町倶楽部にもたびたび登壇してくださっている批評家の東浩紀さんは、その著書『弱いつながり』の中でこんな風に仰っています。

〝いまのあなたを深めていくには、強い絆が必要です。けれどもそれだけでは、あなたは環境に取り込まれてしまいます。あなたに与えられた入力を、ただ出力するだけの機械になってしまいます。それを乗り越え、あなたの人生をかけがえのないものにするためには、弱い絆が不可欠です。〟

1973年に、アメリカの社会学者マーク・グラノヴェッターという人が提唱した〝ウィーク・タイズ理論〟は、先述の著書で東さんが取り上げたこともあり、日本でも広く知られるものとなりました。

家族や会社の同僚など、毎日のように顔を合わせる人と、あなたとの間にあるのは〝強いつながり〟です。そうではなく、頻繁には会わない人とあなたとの間にあるものこそ、この〝弱いつながり〟です。私達は日頃から強いつながりばかりを重視してしまいがちですが、実のところ、自分に新しい可能性を見出してくれたり、人生の転機となるような情報をもたらしてくれたりするのは、〝弱いつながり〟なのです。

よくよく考えてみれば、もっともなことです。毎日顔を合わせる相手なら、あなたがどういう性格で、どういう思考の持ち主かをとてもよく知っています。たとえば、あなたが大のミステリー嫌いを公言していたとして、誰かにおすすめの本を尋ねたら、近しい人は当然ミステリー以外の本をすすめてくれるでしょう。ところが、あなたがミステリー嫌いだということを知らない相手に同じ質問をしたとしたらどうでしょう。相手はあなたの嗜好を知らないので、ミステリーをすすめてくることも十分考えられますね。そこで、せっかくすすめられたんだから、まあ読んでみるか、と渋々でも手を伸ばしてみる。すると、なんとも意表をつく面白さで、以降ミステリーにどハマりしてしまった……なんていうことが起こるかもしれません。このように、今はまだ表出していないあなた、あなた自身が見つけられていないあなたを、ふとしたきっかけで引き出してくれる可能性を持っているのが、弱くつながっている人達である、というのです。

この弱いつながりの重要性について、たとえウィーク・タイズ理論を知らなくても、私達は日常の中で薄々気付いていています。家族に〝お父さん〟と呼ばれる自分、職場で〝課長〟と呼ばれる自分。そんないつもの役割が、妙に窮屈に感じるときってありますよね。自分に固定された役割から逃げ出して、自分のことを誰も知らない場所に行ってみたい。ふと見知らぬ街で暮らす自分の姿を思い浮かべて、そこにある種のロマンを感じるようなとき、私達はきっと無意識に弱いつながりを求めているのだと思います。

猫町倶楽部のようなコミュニティの常連になる人達の多くもきっと、家庭でも職場でもない、弱いつながりを求めて参加してくれているのでしょう。一冊の本を媒介に、複数の知らない人達としゃべる。それによって、それまでの世界には存在しなかった新しいつながりが生まれるのです。

「性愛」を語るための分科会

猫町倶楽部に「猫町UG（アンダーグラウンド）」を作ったのは、2013年のことでした。性愛をはじめとしたアンダーグラウンドカルチャー全般をテーマとしているこの会は、現在に至るまで同分科会の隊長を務めてくれているチアキちゃんと知り合ったことを機に立ち上げることとなりました。チアキちゃんは、自称〝経験人数1000人超のヤリマン〟として、さまざまなメディアやイベントに登場している女性です。

「1日で、最高26人とセックスしました」と、あっけらかんと話す彼女と最初に会ったときは、強い衝撃を受けました。けれども、猫町倶楽部とはあまり接点のなさそうなこういう女性が読書会にいる、ということそのものが、もしかすると、とても良い相乗効果をもたらしてくれるのではないかと感じたのです。

それ以降、猫町UGは不定期で、フランス文学者の鹿島茂さん、緊縛師のHajime kinokoさん、編集者の都築響一さん、ときにはSMの女王様など、多彩な方々をゲストに招いて開催してきました。この読書会のドレスコードは、何を隠そう「仮面」。毎回参加者全員が仮面をつけて読書会を行うのです。

顔の見えない効果も相まってか、ここで語られる内容は、ほかのどの読書会にも増して赤裸々なものとなる傾向にあります。自身の恋愛観に始まり、結婚観、家族観、性体験や性癖などに話題が及ぶ場合も当然あります。普段、友達同士の会話では決して触れられないような話題を、多くの人が、堰《せき》を切ったように話し出すのです。

本には正しくないことも書かれている

「私、不倫しているんです」
「僕は、異性を性的対象として見られないんです」

猫町ＵＧでは、その日初めて会った人たちを前に、こういった告白がさまざまな場所で聞かれます。私はこれが、とても良いことだと思うんです。

というのも本来、人の正直な欲望を表に出すことは、どちらかといえば恥ずかしいこととされています。さらに、正直な欲望というのは必ずしも社会で正しいとされることや、普通であるとされることの枠内におとなしく収まるものとも限りません。ときには、そこからいびつにはみ出したり、自分でもコントロール不可能になってしまったりするものです。

けれども、考えてみれば世界の多くの名著というのは、そんな、どうしようもない人間の欲望の形を、どうしようもないままに描いているものではないでしょうか。だからこそ、私達の心を強く摑むのです。

読書会という場で、本を口実にして、日頃タブーとされている欲望について堂々と語る。そういう時間、そういう場所が、社会の中にあってもいいと、私は思うのです。

実は最初に猫町ＵＧを催すと決めた際、私のもとにこんなメールが届きました。

「私の体には全身に入れ墨が入っていますが、そちらの会に参加しても問題ないでしょうか」

もちろんどうぞ、とお返事をしました。以来その方は、猫町UGのイベントのたびに参加してくれるようになりました。彼はいつも、読書会が始まると同時におもむろに服を脱ぎ、ふんどし一丁の姿になります。胸元から足首まで隙間なく彫られた見事な和彫りがあらわになると、周りの目は彼に釘付けになります。何度も見せてもらっていますが、これだけ立派な入れ墨であれば、そりゃたくさんの人に見てほしいだろうと納得の、圧巻の美しさ。『刺青とヌードの美術史』を著された美術史家の宮下規久朗さんも絶賛されていました。聞けば彼は決してその筋の人というわけでもなく、普段は普通の会社員だそうです。温厚で、礼儀正しい男性です。

彼をはじめとして、猫町UGに参加してくれるのは皆、一見ごく普通の人達です。まさか全身に入れ墨が入っているとか、まさか複数の人を同時に愛するポリアモリーだとか、まさかSMバーに毎週通っているとか、外から見ただけでは彼らの秘密は全く想像できません。そんなにもプライベートな事情を、初めて会う人達によく話せるものだと驚かれるかもしれませんが、むしろ相手がよく知らない人達だからこそ話せるのです。

「はじめまして、私はこういうものです」と、名刺交換から始まるような関係では決して見せられない、しかし確実に存在する自分の一面。仮面越しにも成立する程度の、弱いつながりの中でしか表に出せない本当の自分を、実は誰もが皆、大なり小なり持っているものではないでしょうか。

弱いつながりから強いつながりへ

一方、猫町倶楽部では、読書会でできた〝弱いつながり〟を、いつの間にか〝強いつながり〟に変えてしまう人達も少なくありません。仲良くなった参加者同士が、より会いやすいように近所に引っ越したり、読書会がない休日にも、課外活動と称して私的に集まったり。また、恋人になったり、結婚したりするケースもたくさんあります。

人間には欲がありますから、この人とはわかり合えそうだなと思う相手には、もっと自分を委ねたい、もっと相手を理解したいと、どうしても願ってしまうものです。嫌っていたはずの強いつながりも、責任を伴ったり、自由を制限したり、たしかになかなか厄介な存在ではありますが、だからといって弱いつながりだけで私達が安心して生きられるかというと、やっぱり人間はそこまで強い生き物ではないんじゃないかと思います。しがらみと表裏一体の強い引力で、いつだって自分だけの場所があると信じられるような場所が、最低でも一つか二つ、やっぱり必要じゃないかと思うんです。

というのも実は私は一度離婚を経験しています。家庭の中にいる間は夫であり、父であり、だからこそさまざまな制約もありました。もちろん、窮屈だと感じることだってありました。けれども離婚をして、一人家を出ると、やっぱりとても心許《こころもと》ない日々が始まりました。自分はもう誰からも必要とされていないのかもしれないという絶望に、毎日のように襲われていました。自由を謳歌してやろうとでもいうような前向きな気持ちには、とてもじゃないけれどなれませんでした。そんなとき、幸いにも拠り所となってくれたのはやはり、猫町倶楽部というコミュニティの存在でした。

弱いつながりを生み続けながら、必要に応じて、強いつながりへ育てることもできる場所。

次の章からは、いかにして猫町倶楽部というコミュニティを持続、成長させてきたか、その取り組みについてお話しします。

第五章

読書会は居場所になる

コミュニティとしての読書会

かの有名なドラッカーは、さまざまな著作の中で、継続学習とコミュニティの重要性を繰り返し説いています。

近年、「コミュニティ」という言葉がこれまでにも増して頻繁に聞かれるようになりました。背景には、家族の機能不全や、リーマンショックに端を発した不景気、あるいは東日本大震災以降の漠然とした不安の蔓延など、色んな要因が挙げられるでしょう。インターネットの普及によって、誰もが24時間他者と繋がっていられる時代にありながら、同時に孤独を抱え、思い悩む人もまた減る気配がない、むしろ増加を疑いたくなるような印象さえあります。多くの人が、どこにも自分の居場所がないと感じ、「ここにいてもいいよ」と許しを得られる場所を求めているように感じられます。

当初は身内だけで始めた読書会に、次第に年齢も職業も、関心の矛先も違う多様な人が集まるにつれ、もしかするとこの場所が、ドラッカーの言う〝コミュニティ〟となり得るかもしれない。私は、薄々そんな予感を抱くようになりました。そして13年が経った現在、自分で言うのもなんですが、それはたしかに現実のものとなりました。

活動のベースとなっているミクシィコミュニティでは、定例の読書会のほかにも、メンバーのみなさんによって日々たくさんの課外活動が企画されています。軽い食事会から、旅行や美術館ツアー、能や歌舞伎の鑑賞ツアー、山登りや釣りといったアウトドアまで。

読書会立ち上げから数年、開催場所とした「ＪＡＺＺ茶房 青猫」の周辺には、より読書会に参加しやすいようにと、常連となったメンバーが何人も引っ越してきました。名古屋の繁華街、大須にある「喫茶アミーゴ」という店は、２０１６年に猫町倶楽部の初期の頃からのメンバー2人が始めた店で、名古屋メンバーの拠り所となっています。猫町倶楽部への参加、あるいは運営への参加を通じて知り合った人達の間には数多くの恋愛が生まれ、私の知る限り、これまでに全国で60組以上が結婚しました。猫町倶楽部で出会って結婚することを〝猫町婚〟と呼んでいます。たまに開催されるサポーターのＯＢ、ＯＧ会では、猫町婚したカップルがそれぞれの子ども達を連れて集まり、さながら親戚の集まりのような賑やかな会になっています。

猫町倶楽部の運営を通して私は常々、コミュニティというのは生き物であると感じています。同じルール、同じポリシーで運営していても、そのとき中心となっているメンバーの個性や、開催規模、会場など、さまざまな条件によって、雰囲気は大きく異なります。

また、どんなにうまくいっているコミュニティでも、人が集まる場所には当然ながらさまざまな誤解や諍《いさか》いがあります。猫町倶楽部もそんな大小さまざまなトラブルを都度乗り越えながら、何とか13年間、存続してきました。またその規模は、さらに大きくなっています。

合議制にはしない

これまで私は、色んな企業の方から、読書会コミュニティ運営の秘訣を教えてほしいという相談を受けてきました。これからはコミュニティ・ビジネスだと考えている人は、やはり年々増えているようです。私自身は、猫町倶楽部のコミュニティがこれほど大きく育ったのには、何をおいても先述したような時代的な背景が大きく起因していると考えていますが、これに加えていくつか、意図して行ってきたこともあります。

猫町倶楽部を運営する上で、一つ絶対に譲れないことがあります。それは、何をやるにもあくまで〝私がやりたいことをやる〟、そして〝私がやりたくないことはやらない〟ということです。

私は、生活のおよそ6割程度を猫町倶楽部の運営のために費やし、本業のリフォーム屋は残り4割の部分で営んでいます。平日もイベントの準備や調整、休日はほとんど読書会です。しかし猫町倶楽部の運営を通じて私が得ている収入は、現状、一切ありません。完全に無償労働なのです。この規模になったのだから収入を得られないはずがないと言われたりもしますが、現実はそんなに簡単にはいきません。

お金の流れについて、少し詳しくお話ししますと、猫町倶楽部では、読書会の参加費が一回1500～2000円程。これに任意で懇親会があり、こちらの参加費は大体3000～4000円程度です。読書会参加費の用途は、そのほとんどが会場費です。私たちは自前の会場を持たないので、2～3時間の読書会のために飲食店やイベントスペースを借りる必要があるのです。また著者の方に登壇していただく場合の謝礼は、ここに上乗せします。懇親会費は、ほぼ全額が会場に支払われる飲食費です。毎月無理なく参加できる金額に留めておきたいという狙いもあり、儲けのために価格を上げるということは、今は考えていません。

一方で、運営には当然ながら、膨大な手間もかかります。メンバーからの不満や要望を聞いたり、個性の強い人が場に馴染めるように図ったり。日々、サポーター達と協力して取り組みます。連絡は基本的にフェイスブックメッセージとラインを通じて行いますが、私のもとには一日に何十、何百という数のメッセージが送られてきます。しかし、この対応をおろそかにするわけにはいきません。コミュニティは生き物であると言いましたが、もっと言えば人間の子どものようなものなのです。向き合って、目をかければかけただけまっすぐに育ちます。しかし、忙しさにかまけてしばらく目を離していると、いつの間にか思わぬ事態に直面していたりする。不思議なことに猫町倶楽部の各支部の成長速度は、ある段階までは、私が現地に赴き、実際に参加する回数におおむね比例しているのです。猫町倶楽部というコミュニティのポリシーや空気をどんなに口頭で伝えても、やはりそれだけではどうしても伝わり切らないものがあるのだろうと感じます。

とにもかくにもこのように、読書会コミュニティの運営には時間も手間もかかり、それでいて儲からないのです。そんなことをわざわざやっているわけですから、自分のモチベーションが下がりさえすればすぐにやめたくなってしまいます。それを何とか回避し、ずっと続けていくためにも、やりたくないことはやらない、やりたいことをとことんやる、これを貫くことで、モチベーションを下げないようにしています。

ワンマンといえばワンマンですが、この方針はメンバーにとっても、必ずしも悪いことではないと私は考えています。何しろ、合議制や多数決が面白い結果を導くことなんてまずないからです。複数人の意見が決定に反映されるということは、全員に少しずつ責任があるということです。そしてそのたった少しの責任を取ることを恐れ、多数決では多くの人が、よりリスクのない、より無難な選択肢を支持します。無難で、面白みのない猫町倶楽部であれば、今ほど多くのメンバーの居場所にはならなかったはずです。ただの読書会がドレスコード制を取り入れたり、クラブイベントを実施できたりしたのも、すべては私がわがままにやりたいことをやる、その代わり何かあれば責任は私にあるというシンプルな構図を維持してきたからです。

最近ではありがたいことに、ぜひ読書会の課題本にしてほしいと編集者さんから新刊をご恵投いただくことも増えました。というのも課題本になれば40〜50人、最大で約３００もの人がその本を読むことになるからです。本が売れないと言われる今の時代に、たとえ50冊であろうと、アマゾンで一度に売れればランキングに影響します。どの編集者さんも、手がけた本を何とか多くの人に読んでもらおうと真剣なのです。

しかし大変申し訳ないのですが、どんなに偉い人に「この本で読書会をやってほしい」と頼まれても、私が興味のない本ではやりません。

もちろん、運営を担うサポーターの意見に全く耳を貸さないというわけではありません。が、最終的な決定権は常に私にある、というのが猫町倶楽部です。誰もが気軽に出入りできる大人のコミュニティですから、どうも肌に合わないという人は、自分に合う場所を作るなり、別のコミュニティに移るなりしてもらうと良いと思っています。いずれにしても私は、自分が楽しいと思うことを実直にやる。そして結果的にはそれがメンバーにとっても、魅力的なコミュニティ形成に繋がると信じているのです。

ヒエラルキーを作らない

猫町倶楽部の読書会は、サポーターが主体となって運営します。サポーターは各支部、各分科会ごとに一定数存在します。サポーターの主な仕事は、各読書会の参加者リストの作成、会場設営、当日の受付や司会進行、ゲストのアテンドなどです。告知や集客は、サポーターの仕事に含まれません（課題本やゲストの一切を私が決める以上、集客にも責任を持たなくていいよ、という取り決めです）。ただしサポーターが、自分の所属する分科会を盛り上げたいからと、自主的にツイッター等での告知を申し出てくれる場合もあり、そのときはお願いしています。

サポーターになるための条件はシンプルで、過去に3回以上、猫町倶楽部の読書会に参加経験があること。それだけです。サポーターは全員がボランティアで、日当が払われることはありません。むしろサポーターも、あくまでほかの参加者と同等の立場であるという理由から、一般参加者と同じように、お金を払って読書会に参加してくれています。

私は、猫町倶楽部のコミュニティを維持する上で、ヒエラルキーを作らないということを重視しています。便宜上、各支部に一人ずつリーダーとサブリーダーを置いていますが、基本的には彼らも、一参加者と同じ立場です。というのも、誰が偉いとか、誰が下っ端とかいうような、縦の関係が明確にできてしまうと、それによって新しい人が入ってきにくくなってしまうからです。

想像してみてください。せっかく楽しそうな場所を見つけても、昔からいる人がやたら大きな顔をしていたら、なんだかちょっと入りづらいですよね。ここではこんな風に楽しむものだ、なんて望んでもいないのに指南されたりしたら、最初のうちはありがたくても、だんだんゲンナリしてしまいそうです。

新しい人が入ってこないコミュニティというのは密室のようなもので、一時的には気心の知れた人達で楽しくやれたとしても、次第に息が詰まってしまいます。すると、もともと楽しくそこにいた人達だっていずれは一人、また一人とその場を立ち去って、コミュニティ自体行き詰まりを迎えてしまいます。
その日初めて参加する人にとっても、50回目の人にとっても、同じように居心地の良い場所であること。これは、コミュニティを長く存続させる上で、絶対に疎かにしてはいけないポイントなんです。

課題本を選ぶのが私一人であるということも、実はこの〝ヒエラルキーを作らない〟ということと密接に関係しています。読書会における課題本の決定は、大きく言ってしまえば「権力の行使」です。このプロセスをほかのメンバーに任せるということは、任された人が私から権利を委任されることになります。するとやはり、メンバーの中で上下関係が生まれてしまうのです。

サポーターの任期は1年と決めているのですが、それも同じ理由からです。仮にもし任期がなければ、何年も同じ人がサポーターを担うことだって起こり得ます。すると、その人のベテランとしての佇まい（今風の言葉では〝古参感〟と言うそうです）が、会の中で自ずと上下関係を作り出し、それを固定化させてしまうでしょう。あるいはもっと困ったことに、その人がいなければ実務が回らないという事態も起こりかねません。もしこれが企業であれば、報酬を支払うことによって、それだけの能力がある人に組織に留まってもらうということができるでしょうが、猫町倶楽部ではそうはいかないので、運営が一人の存在に依存してしまうというのはリスクなのです。ですから、サポーターは基本的には1年で交代してもらいます（これにはもう一つ別の理由もあるのですが、それは次の項でお話しします）。

それにしても、サポーターは、タダ働きどころか参加費まで払っているわけです。それでよく毎年サポーター志願者がいるなと驚かれるかもしれません。しかし理由は単純で、サポーターをやるのは楽しいからなんです。

読書会に何度か続けて足を運ぶと、次第に顔見知りができます。それだけでも十分に楽しいんですが、そうやって知り合った仲間たちと、今度はサポーターとしてイベントを仕掛ける側に回る。利害関係のない相手と、ああでもないこうでもないと言い合う機会は、大人になるとそうそうありません。また、自分が仕掛けたイベントにたくさんの人が集まって、楽しそうに過ごしている様子を目の前で見ることは、ただ参加するだけでは得られない、大きな充実感を得ることに繋がります。

猫町倶楽部のサポーター達は、恐らくそんな〝仕掛け人〟に回る楽しさに大なり小なり気付いてくれているのだろうと思いますし、楽しそうに場作りに専念するサポーター達の姿を見たほかの参加者も、そんな雰囲気を察し、次のサポーターに名乗りを上げてくれる。猫町倶楽部の読書会というのはそのようにして維持されているのです。

運営ポリシーは明文化しない

猫町倶楽部には会則がありません。それは、決して私が面倒くさがりだからというわけではなく（それもなきにしも非ずですが）、あえて明文化しないようにしてきたんです。なぜか。それは、長期的に見るとその方が、猫町倶楽部の文化をより強固に作ることができると考えているからです。

年に数千人が参加するコミュニティで会則が明文化されていないというのは、お察しのとおり、極めて非効率なことです。もしも会則があれば、困った人がやってきて、問題となる行動を起こしたとき「猫町倶楽部のポリシーはこうだから」「会則でこう決まっているから」と、明文化されたルールを盾に、その行動を改めてほしいとお願いすることができます。またもし改めてもらえない場合には、このコミュニティを出ていってください、と会から排除することだってできます。読書会を運営するサポーターやリーダーにとっても、その方がはるかに効率的に思えるでしょう。ですからこれまでにも、会則を作ってほしいという声は散々上がってきました。けれども私は、問題に直面したリーダーやサポーターが、明文化された会則に頼ることなく、ここでどう対応することが〝猫町倶楽部らしい〟のかを考えるということ、このことに、とても大きな意味があると考えているんです。

数年前、私は、猫町倶楽部のメンバーに〝デパートメントH〟という有名なイベントに連れていってもらいました。このイベントはいわゆるアンダーグラウンドな分野に興味のある人達の集まりで、さまざまなフェティシズムを持った人が同じような仲間と出会ったり、日頃隠している本当の自分を見せたりすることのできる、大人の交流パーティとして知られています。

会場内のステージではドラァグクイーンのショーやキャットファイトが披露され、お客さんの方もまた、出演者達に勝るとも劣らない奇抜な装いに身を包み、堂々とフロアを闊歩します。女の子の人形に扮した人、〝ゼンタイ〟と呼ばれるゴム製の全身タイツに全身すっぽり包まれた人、ボンテージ姿の女王様など……。会場の中では多くの人の個性がこれでもかとひしめき合っており、気圧《けお》されたとしてもおかしくないはずなのに、不思議となんとも居心地が良い。調和が保たれているのです。

新参者の私ですら、ここには確かに自分の居場所があると感じました。刺激と安心感が不思議なバランスで両立する空間。そしてそれはまさに、猫町倶楽部で私が日頃感じている空気ととてもよく似ていると思ったのです。

世の中に存在する多くのコミュニティでは、あらかじめいくつかの明確なルールを設定した上で、これを守れる人だけがここにいていいですよ、という決まりが設定されています。けれども私が理想とするコミュニティは、この順序が逆なんです。まずはここにいたいと思う人全員を受け入れる。その上で、そこがなぜ居心地の良いコミュニティなのか、その環境を維持するために、中にいる人達にはどういう振る舞いや配慮が必要なのか。自分たちの居場所を守るためにどうすべきか。コミュニティのメンバー自身が自分の頭で考えて、強制されたからではなく自主的に、コミュニティの環境を守る人であってほしいと思うんです。

コミュニティ内で何か問題が起きた場合には、リーダーやサポーターから相談を受けます。そういうとき「ではこうしてください」と指示を伝えるのでなく、「猫町倶楽部ではこういう考え方をしてきたんだよ」と極力、猫町倶楽部としてのありかたを伝えるようにしています。そうすると、優秀なリーダーやサポーター達が、適切な対応を自ら考え、判断してくれるんです。つまり、猫町倶楽部の運営ポリシーというものは、厳密にはあるにはあるものの、あくまで「口伝《くでん》」という形を取っているのです。

実はこの方針は、サポーターの任期を1年としていることにも関係しています。毎年サポーターが変わるということは、毎年、新しいサポーターに読書会の運用ポリシーについて一から説明するということで、実のところとても非効率です。ヒエラルキーを作らないという目的があるにしたって、せめて任期を2年にするという選択肢だって、ないわけではありません。けれども、サポーターが短い期間で入れ替わるということは、コミュニティの中にサポーターを経験した人がどんどん増えていくということです。これはつまり、組織の運営を通して、猫町倶楽部の運営ポリシー、ひいては猫町倶楽部が育んできた独自の文化を、自分で考えながら理解してくれる人が増えるということなんです。

今の世の中、とかく非効率なことは嫌われる傾向にあります。けれども私は、効率重視では決して作り上げることのできないものがたしかにあると思っています。その最たるものが「文化」です。手間を惜しまず、結果を焦らず、非効率なことをやり続ける。あっという間に過ぎ去ってしまう時間に、ほんの少しずつ、深い溝を掘り続ける。すると、いつか自分たちの背後に驚くほど長い道のりができているのです。

余談ですが私は、実は高校時代、3年生になるまではろくに勉強しませんでした。朝の点呼に返事だけすると、仲間達とそそくさと下校。そのまま近所のたまり場となっていた喫茶店で日がな一日、ダラダラと過ごすんです。おかげで中学校の頃まで真ん中あたりだった成績は、高校に入るやいなや学年最下位近くまで急降下です。それもこれも学校で勉強する目的が見つからなかったんですよね。「子どもは学校に行くもの」「学校では勉強するもの」というように、予めルールが決められていたとしても、その先に納得のいく理由が見えていなければ従うことなんてできませんから……と、もっともらしい理由をつけていましたが、まあサボりです。

そんなことも明文化しない方針に繋がっているかもしれません。

読書会の主宰者が尊敬される必要はない

読書会がみるみる大きくなっていく中で私は、主宰者として自分がどうあるべきか、コミュニティにおける自分の位置付けについても、きちんと定義する必要があると考えました。というのも、ヒエラルキーが存在せず、流動性を保ったコミュニティの中で、唯一いつまでも同じ場所に居続けるのが主宰者です。大黒柱のようなもので、ここがブレると、コミュニティの崩壊にも繋がりかねないからです。

そもそもこの読書会は、好きでやっていることとはいえ、主たる目的は当初から一貫して継続学習の場であることです。居心地の良いコミュニティの形成に力を入れるのだって、学習の一助となるからです。この会自体が消滅してしまえば、継続学習が途絶えてしまいます。従って、私が最も重視しなければならないのは、継続学習の場である猫町倶楽部がいつまでも存続すること、またそのためにも、私自身が飽きたり、投げ出したりすることなく、とことん続けられることにほかなりません。

しかしながら、私がコミュニティにおいてあまりにも威張りすぎてしまえば、読書会はどう考えても先細りでしょう。何しろ、読書会は知的な好奇心を満たすための場所です。世の中には私より知的な人なんてごまんといるわけで、そういった人達にも参加者として、ゲストとして、気軽に参加してもらえる集まりでなければなりません。しかし私が昭和の親父のような立場であぐらをかけば、いずれはプライドが邪魔をして、自分より知的な人を呼びたくなくなってしまうかもしれないと思ったんです。

ですから、何をおいても、知的に尊敬される主宰者であろうとしてはいけないと思いました。

知性というのはしばしばマウンティングの道具に使われていますし、どちらが知性があるかを競う争いは、日々世界中で繰り広げられています。私の知性で集団を束ねようもののなら、自分の方が知性があると思う人が、道場破りよろしくコミュニティの乗っ取りをかけて勝負を挑んでくる可能性もあります。

知性と近しいところで、思想もまたしかりです。

往々にしてヤンキーというのはよく大げさに夢を語るものですが、これは所属するコミュニティのメンバーにビジョンを提示し、思想を共有させているんです。しかしそうやって特定の人物の思想で尊敬を集める場合、そうでない思想を持つ人物は受け入れることができなくなります。また、先々にもし私と異なる思想を持つメンバーが登場すれば、グループ内に対立や分裂が生まれる可能性もあります。

つまり私は、読書会を長く続けていくためには、決して尊敬される立場にあってはいけないのだということなんです。しかしそれでいて、コミュニティの存在意義がぐらついたとき、最後の要たり得る存在でなければなりません。

この二つの難しい要素を両立させるために導き出した答えが、〝飲み会の幹事〟でした。

飲み会の幹事はみんなに必要とされ、重宝がられこそすれ、大して尊敬されはしません。

しかし尊敬されないからこそ、誰かにその地位を脅かされることもありません。幹事だからこそ、盛り上がる飲み会のためにみんなの喜ぶゲストを呼んでこようという気になります。多少面倒なことがあったとしても、飲み会の幹事だからまあ仕方がない、と受け止めることだってできるでしょう。あるべきリーダー像は〝飲み会の幹事〟。そうだ、これだ！と思いついたときにはすっかり踊り出したい気持ちになりました。

以前、コミュニティのメンバーにこの話をした際、大真面目にこんなことを聞かれました。

「タツヤさん、それなら一体何が楽しくてこんな大変なことを続けてるんですか？」

何が楽しいかと言われればすべて楽しいのです。が、なかなか理解してもらえません。

ゲストで来ていただいた作家の中村うさぎさんに、

「タツヤさんが一番最初に〝快感〟を覚えたのっていつ、どんなとき？」

と、尋ねられたことがあります。

いつだったかなあと自分の子どもの頃の記憶をよくよく掘り起こしてみると、小学校低学年の頃に思い当たりました。二つ上の姉の誕生日の前日。翌日には姉の友達が誕生日を祝いに大勢やってくると聞きつけた私は、なぜか急に〝よーし、やるぞ〟と一念発起。折り紙を細長く切って、輪っかにして、のりで繋げて、何メートルもの折り紙の鎖を、姉の部屋に所狭しと飾り付けたんです。翌日、姉の友人達は部屋に入るなり「わぁ！」と歓声を上げました。隣の部屋で静かに聞き耳を立てていた私は、歓声が聞こえると同時に、生まれて初めての強烈な快感を覚えたのです。

これ以来、何かを仕掛けて誰かを喜ばせるということにばかり時間を費やしてきたように思います。つまり私は根っからの〝飲み会の幹事〟の性分、ということなんでしょう。

参加者を囲い込まない

猫町倶楽部ではいつも、初参加の方に「ぜひ続けて3回参加してみてください」とおすすめしています。なぜかというと、続けて3回参加した方が、サポーターや常連さんに顔と名前を覚えられる可能性が高くなります。すると自ずと顔見知りが増え、次に来るときの楽しみができるからです。バーやレストランで常連になるのと同じですね。半年に一度ずつ3回来店するよりも、同じ3回なら続けて3日行った方がマスターや店員さんに顔を覚えられる確率が高まります。お馴染みさんになると、そこに自分の居場所があると感じられるようになりますよね。実際のところ、読書会に3回続けて参加した人は、その後も常連参加者となる確率が高い傾向にあります。

そして多くのビジネス本では、こうして常連となってくれたお客さんをいかに〝囲い込む〟かについてさまざまなノウハウが説かれています。コミュニティ・ビジネスがこれほどまでに注目を浴びるのだって、つまるところこの顧客の〝囲い込み〟を実現するためにほかなりません。

けれども猫町倶楽部では、参加者を〝囲い込む〟ための施策は何もやっていません。理由は単純で、自分ならとてもじゃないけど囲い込まれたくないからです。

よく、アプリやネットのサービスでありますよね。入会登録はサイトの一番上にあって、いとも簡単にできるのに、退会の仕方がやたらわかりにくいもの。ときには何度もリンクをたどって、面倒なアンケートに答えなければ退会させてくれないものだってあります。本当に不親切だと思います。そんなサービスには、なんとか退会できたが最後、二度と近づこうとは思いません。コミュニティだって全く同じです。一度入ったら簡単に抜けられないコミュニティになんて、危なっかしくてうかうか入れません。

一度軽い気持ちでやってきた人をガチガチに設計した仕組みで囲い込もうとする、そんな運営側の意図が、組織への忠誠を強要したり、ヒエラルキーを作ったりということに繋がります。先輩が怖いからといって渋々人が集まるようなコミュニティなら、時間と手間をかけて育てる意味がありません。コミュニティとしてもたちまち機能不全に陥ってしまうでしょう。そうではなくて、そこに来れば自分が一番なりたい自分でいられる。だから望んで来る。猫町倶楽部はそういう場であってほしいのです。

けれども人と人が集まるところには、ともすればいとも容易《たやす》く義理やしがらみといったものが生まれてしまいます。そうなると、来たいから来るという純粋な動機が妨げられてしまいかねません。そこで私には、いくつか意識的にやらないようにしていることがあります。

一つは、月額や年額などの会費制コミュニティにしないことです。分科会に毎回参加する人も、あるいは複数の分科会をまたいで参加する人も、都度、参加費を払います（ミクシィコミュニティに参加している人数を指して〝メンバー〟と言いますが、このメンバーになる上で、一切費用はかかりません）。

また、一度参加してくれた人に「絶対に次もまた来てね」と極力言わないようにしています。しばらく顔を見せない常連さんにも「なんで来ないの？」とは言いません。なぜなら私が意図しなくても、この言葉をかけられた参加者が、ともすれば私への義理や人情で、不本意ながら参加することになるかもしれないからです。

参加条件は課題本となっている一冊を読み終えることだけ。入口も出口もいつでも全開にしておくというこのやり方は、ビジネスの常識から考えれば落第点でしょうが、持続するコミュニティを形成、維持するというシンプルな目的の上では案外デメリットは少なく、むしろメリットの方が多いのではないかと感じています。というのも、コミュニティに何をおいても必要なのは、適度な風通しの良さにほかならないからです。どんな家にも換気が必要です。それと同じように、新鮮な空気が入ってこない閉ざされたコミュニティでは、メンバーが鬱屈としたエネルギーを溜め込んでしまいます。新しい人がやってきて、組織の文化を理解し、継承してくれる常連さんに育つと同時に、仮にもしその人達の都合が悪くなれば、無理せずいつでも参加をストップできる。そしてまた状況が変わるなり、気が向くなりすれば、いつでも戻ってくることができる。参加者の流動性を担保することは、健全なコミュニティを運営する上で不可欠です。

ちなみに、猫町倶楽部への参加スタイルは人によってさまざまですが、一度常連になった人達がアクティブに活動する時期はだいたい3年ほど。多くの人はそのあたりでいったん、参加のペースを落とす傾向にあります。というのも、活動の中心となる参加者の多くは30代。その年代の3年といえば、結婚や出産、あるいは転勤など、社会的なステージが何かしら変化する時期です。猫町婚をしたカップルも、結婚直後はしばらく疎遠になります。しかし来るものは拒まず、去るものは追わず。このスタンスを維持している限り、一度疎遠になっても、しばらくしてまた懐かしい仲間がひょっこり顔を出してくれるということがよくあります。これもまた主宰者としては嬉しいものです。

ネットで議論しない

猫町倶楽部ではメンバー同士でSNSのミクシィコミュニティを利用しています。ミクシィそのものの流行は一時期よりずいぶん下火となりましたが、猫町倶楽部のコミュニティは今でも十分にアクティブです。日夜さまざまな課外活動イベントが立てられ、メンバー同士が連絡を取り合っています。しかし私には一つ、譲れないポリシーがあります。それは、ネットコミュニティを議論の場にしない、ということです。本の感想を語り合うなど、連絡事項以外の交流目的でＳＮＳを使うことはありません。

「メラビアンの法則」という言葉をご存じでしょうか。これは、人の行動が他人にどのような影響を及ぼすかについて、アメリカの心理学者、アルバート・メラビアンという人が１９７１年に提唱した概念です。それによると人は、相手の口調や話す速さなど、聴覚情報から38％。見た目やしぐさなどの視覚情報から55％の情報を受け取っており、一方で話の内容や言葉そのものの意味などの言語情報からはというと、実に７％しか受け取っていないというんです。

実際のシチュエーションを想像しながら考えてみるとよりわかりやすいかもしれません。

たとえば友人同士のＡさんとＢさんがいたとしましょう。ある日ＡさんがＢさんに、「全くどうかしてるよ」と言いました。あなたは２人の間にどんな空気を想像しますか？Ａさんは Ｂさんについて「大したやつだな」とでも言いたげな、一定の評価と好意とを示していると感じる人もいるでしょう。ニコニコ笑って、感服した、とでも言いたげなAさんを想像したでしょうか。けれど、同じ言葉から物凄く怒っているAさんを想像した人もいるのではないでしょうか。Bさんが何かとんでもないことをやらかしたのかもしれません。

前後の文脈がない中でこの言葉一つだけでは、一体どんな調子で発せられた言葉なのか曖昧です。つまり私達はこういった日常のコミュニケーションにおいて、無意識に言葉以外の部分から、とてもたくさんの情報を受け取っている、そしてそれらに頼りながら、相手の意図を汲み取っているんです。

だから、文字だけの意見交換では簡単に齟齬《そご》が生まれてしまいます。もちろん、文字のコミュニケーションすべてが悪しきものと言いたいわけではありません。顔文字や絵文字は、対面でしか得られない視覚情報の代わりとなって、言葉にニュアンスを付加してくれます。あるいはそのコミュニティの中だけで使われる造語なんかも、円滑なコミュニケーションに一役買ってくれるかもしれません。また、お互いに十分なコミュニケーションの蓄積があって、顔を合わせていないときでも〝今こういう表情をしてるな〟とか、〝これはこういう意図だな〟と推測できるような場合には、文字のコミュニケーションの弊害は少ないと思います。

けれども猫町倶楽部のように人が大勢いるコミュニティでは、全員が密な関係を築いているわけではありません。いくら名前がわかっても顔が思い浮かばないような人だっているでしょう。そんな中、特に本の感想のように思想に直結するものについて、文字だけで議論を行うというのはとてもリスクが大きいことなのです。

ですから私は、自分が古いタイプの人間だと自覚しつつも、コミュニケーションの基本はやっぱり、顔と顔を突き合わせたリアルな場にあると思っています。そしてネットを介した文字のコミュニケーションは、あくまでもそのようにリアルな関係の、補強のために使うべきだと考えているんです。

考えの違う人を排斥しない

猫町倶楽部史上最大の事件といえば、ある一人の男性の除名騒動でしょう。

男性の名はNと言って、49歳独身。実は彼、一部ではかなりよく知られた人物です。ライターの中村淳彦さんが書かれた『ルポ 中年童貞』という本に出てくる、ネトウヨ・中年童貞の宮田という男のモデルになった人物が、何を隠そうこのNなんです。ご存じの方も多いかと思いますがネトウヨとはネット右翼の略語で、インターネットを舞台に右翼的な発言をする人達のことを指します。一説によるとNは日本で最初のネトウヨだとも言われていて、パソコン通信の時代から言論活動を続けているようです。

彼が最初に猫町倶楽部にやってきたのは2010年のことでした。スキンヘッドに鼻ヒゲ、ド派手な虎の絵の描かれたトレーナーを着たNは、受付をすませ、席に着くなり、自分の周りにカバンから取り出した10冊以上ある本をうずたかく積み上げました。課題本だけでなく関連書籍も読み込んで参加してくれたようなんです。それはいいのですが、さながらバリケードのような本の壁は、他人を自分の世界に踏み込ませないための予防線のようにも感じられ、周りの参加者達もずいぶん困惑しました。おまけにNは、読書会が始まると、とにかくやたらと大きな声で、マシンガンのようにまくし立てるのです。実のところNは私など足元にも及ばない大変な読書家で、知識がとても豊富なのです。

それからというもの、Nはちょくちょく読書会に参加してくれるようになりました。彼は読書会中に自らの政治思想を主張することはありませんし、誰かを傷つける発言をすることもありません。けれどもインターネットで検索すればすぐに、ネトウヨである彼が日頃行っている発言に行き当たります。当時でも年間数千という人が参加していた猫町倶楽部には、在日韓国人の方もたくさんいます。Nのネット上の言論には、そんな方達が傷ついてしまうものも少なからず含まれていました。それで、あるときついに一部のメンバーから、Nを除名するべきだという声が上がったんです（除名、と言っても猫町倶楽部は会員制ではないので厳密に言うと出入り禁止というところでしょうか）。

当然Nには、ネトウヨをやめるよう何度も説得を試みました。誤解を恐れずに言うと、Nは政治思想さえ抜きにすれば、心根の優しい、いいやつなんです。持ち前の愛嬌で、読書会でもNに友人は大勢できていました。だからこそ私は、彼がネトウヨをやめて、猫町倶楽部に残ることを選んでくれないかとうっすら期待していました。ところがどんなに説得しても、Nはネトウヨだけはどうしてもやめられないと言うのです。それればかりか、N自身が皆の言うことも理解できるから、どうぞ私をやめさせてください、と言い出したのです。

私はほとほと困りました。中には、涙ながらにNの除名を訴えてくる女性もいました。ネット上のNの発言が彼女に直接向けたものではないとはいえ、彼女がNの発言に深く傷ついていることは事実です。その気持ちを無視することはできません。

しかし、今Nを猫町倶楽部から排斥すれば、彼はいずれまた別のコミュニティに移っていくのでしょう。しかしそこでも、猫町倶楽部で起きたことと同じことが、きっと高確率で起きるでしょう。つまるところNは同じような思想の人ばかりが集まったコミュニティに属しさえすれば、今のように除名運動を起こされることもなく、むしろ諸手を挙げて迎え入れられるはずです。だからといって、ここを出ていってくれと言うことにはどうしても抵抗がありました。

最終的に私は、彼を除名しないことに決めました。当然ながらたくさんの反発が予想できたものの、この決断自体は、決してNのためだけではありませんでした。ほかならぬ私自身が、仮にもしNを追い出してまで猫町倶楽部を続けたいかと考えたとき、それなら続ける価値がないと思ったからです。

少なくとも猫町倶楽部の中でのNは、人を傷つけるような発言をするわけではありません。仮にもし、政治思想を理由にNを除名してしまったら、それは猫町倶楽部という組織が、〝考え方の違う人間は排除する〟組織になるということです。ほかのメンバーにとっても、果たしてこれが本当に理想的な猫町倶楽部の形なのだろうか、決してそうじゃないはずだろうと思ったのです。

Nに限らず、私達は誰もが多面的にできています。その中には大なり小なり、簡単には社会や他人と折り合いがつけられないもの、他人に受け入れられないものもあるでしょう。それを隠し通すことができれば受け入れられ、知られてしまえば排除される。これで本当に安心できるでしょうか。どんな考えを持っている人も、ここにいたいと思い、このコミュニティ環境を維持したいと願う一員である限りは、決して排除されることはない。そんな安心感こそ、猫町倶楽部の育て上げてきた文化であり、簡単に失ってはいけないものだと考えたのです。

それに、綺麗事に聞こえるかもしれませんが、考え方の違う人同士が交わることがなければ、お互いの考えは決して歩み寄ることもありません。同じ場所にいて、最初は嫌々でも、時間をかけて対話を続ける。それによって、いつか思わぬ化学反応が生まれるかもしれない。その可能性の糸を断ちたくないと思いました。

それから4年経った今もなお、Nは猫町倶楽部に参加し続けています。本拠地名古屋のみならず、東京、大阪、金沢、福岡と、全地域の猫町倶楽部に参加経験があるのは、恐らく私以外ではNだけではないでしょうか。かつて読書会にやってくるたびに積み上げられていた関連本のバリケードは徐々に縮小し、今ではすっかり影を潜めました。代わりに、電子書籍リーダーを複数台持ってきてはいますが……（蔵書量が膨大なので1台ではデータ量が足りないんだそうです）。それどころか、中年童貞という強烈な特性を前面に押し出し明るいお調子者キャラに生まれ変わったNは、今や女性メンバーから個人的に恋愛相談を受けることもあるとか。一体どんな回答をしているのか覗いてみたいものです。

このところ、ダイバーシティという言葉があちこちで聞かれるようになりました。多様性を認める。口で言うのは簡単ですが、これを実現、維持していくには、越えなければならないたくさんのハードルがあります。一時的にみんなが少しずつ我慢をすることも必要になるかもしれません。けれどもそれを乗り越えた先で、互いの違いを面白がりながら一緒にいることが可能になったり、さらには、違うと思っていたのに実は同じだったと気付いたり、そんな新しい発見に満ちた世界を作ることができると思うのです。

ドラッカーはその著書『マネジメント』の中で次のように語っています。

〝同じ事実を違ったように見ていることをお互い知ること自体が、コミュニケーションである。〟

とても難しいことですが、私達はこういった意味でのコミュニケーションを決して諦めてはいけないと思うのです。

猫町倶楽部は出会い系か

〝カップルが続々誕生　日本最大読書会の秘密〟

こう題された記事が、ウェブの最大手のメディア「東洋経済オンライン」に掲載されたのは2017年5月のことでした。

この記事が出たのと前後して、猫町倶楽部は〝婚活に効く読書会〟として、さまざまなメディアで紹介されるようになりました。およそ2ヶ月に1組は猫町婚するカップルが誕生することから、実際に出会いを求めて参加する人も少なくありません。

この風潮について、昔から参加してくれているメンバーの中には、いかがなものかと思っている人もいるようです。純粋に本が好きで参加しているのに、出会いを求めて参加していると周囲に受け取られかねない、そんな不満もわからないではありません。

けれども私自身は、猫町倶楽部が出会いの読書会という文脈で紹介されることについては大いに結構だと思っているんです。なぜなら、それだって一つの、れっきとした読書への入口だからです。

これまでにもお話ししてきたとおり、大前提として猫町倶楽部の読書会の唯一の参加条件は、課題本を読了するということです。またやはりこれまでにもお話ししてきたとおり、課題本には毎回、読了のハードルがやや高い本を選んでいます。逆に言えば、高いハードルを越えて読了さえしているのなら、誰だって読書会に参加する資格があるんです。

ベストドレッサー賞を取りたいから本を読んで読書会に参加する。

友達を作りたいから本を読んで読書会に参加する。

著名人に会ってみたいから本を読んで読書会に参加する。

すべて正当な参加理由です。これらと同じように、恋人を見つけたいから本を読んで読書会に参加するのだって、参加理由として何一つ間違っていないと私は考えています。

……と同時に、もし動機が「出会い」ただそれだけだったとしたら、せいぜい1回は課題本を読了して参加できたとしても、2回、3回とは続かないだろうと思います。もしも続いたとしたら、そこには、友達ができたからとか、気になる人にまた会いたいからだとか、当初の目的プラスアルファの楽しみが見出せたからだと思います。そしてそれはやっぱり、猫町倶楽部が目指す楽しい継続学習という趣旨から、少しも外れることのないものでしょう。

読書会でモテる人、モテない人

ではさらに突っ込んで、読書会ではどんな人がモテて、どんな人がモテないのでしょうか。

長年やってきてまず思うのは、読書会という知的な場所だからといって、知識が豊富な人が必ずしもモテるわけではないということです。むしろどんなに知識が豊富でも、周りの人を無視して延々と自分の知識を披露し、自己陶酔してしまうような人は嫌厭《けんえん》される傾向にあります。この手の勘違いは特に男性に多い気がするんですが、モテるために立派なことを言って尊敬される必要は全くないんです。読書会は演説の場ではありませんから、何より言葉のキャッチボールを成立させることが大前提です。グループの人の発言を受け止め、咀嚼して、それに対して意見を述べて、また次の人の発言に耳を傾ける。一人で延々としゃべる人より、周りの人の意見を上手に聞ける人、また上手に会話のバトンを回せる人の方が断然モテます。

また、知識披露型の人がモテないのは、話が一般論に終始してしまうからという理由もあります。知識が豊富なのが悪いとは言いませんが、〝この本の作者は○年に生まれて、どこで育って、どういう作品を書いて……〟なんていう話はウィキペディアで調べれば誰にでもすぐにわかるんです。せっかく読書会に集まるのだから、調べればすぐにわかる知識でなく、〝自分が〟どう感じたかを話し合えると、ぐっと内容が濃い時間になります。何しろ、参加者は千差万別の育ち方をしてきた人達です。それぞれの感じ方には必ず違いがあり、その違いを見つめ、認め合うことが読書会の醍醐味です。

とはいえウィキペディアに載っている客観的な事実より、自分がどう感じたかを表に出す方が、実はかなり勇気を必要とします。大きく外していたら恥ずかしいし、そう感じた背景に、自分でも見落としていた自分の恥部がないとも言い切れません。自分の感じ方、自分の考え方を誰かに開示すると、無遠慮な誰かに土足で踏み荒らされてしまうのではないか。そう心配になる人も決して少なくありません。でも、だからこそ、自分はこう感じたと、潔く自己開示できる人の方が魅力的に見えるのです。

恋人になる、結婚するというのは、他人を自分のプライベートスペースに招き入れるということです。つまり、自分のプライベートスペースの扉を開かなければ始まらないのです。客観的に間違っていない事実ばかりを披露して、頑なに自己開示を拒もうとする人には、相手もまた、扉を開いてくれることはないでしょう。

コミュニティの外にも可能性を見つけられるように

読書会では、自分だけがしゃべるのでなく、みんなの話にも耳を傾け、バトンを回す。

同時に、自分の感想や意見を出す勇敢さを持つ、というのが読書会でモテるための秘訣であるとお話ししました。これに加えて、実はもう一つ、読書会でモテている人達に共通する要素があるんです。それは、〝猫町倶楽部の外にも、いくつかの居場所を持っていそうな人〟ということです。


あるとき、メンバーの女性が私に、目を輝かせてこんな話をしてくれました。

「猫町倶楽部って本当に最高ですね。話す人みんなが本を読んでいて、知的で、楽しくて。だから外の人とは話をしたくなくなっちゃいます」

猫町倶楽部を気に入ってくれたのはとても嬉しいことなんですが、外の人と話したくなくなってしまうというのはちょっとまずいな、と思ったんです。

猫町倶楽部に来てくれる若者たちと話していてよく感じるのは、自己評価の低い子が少なくないということです。一見自信満々な子でも、少し話してみると自分のことが好きになれない、何をやっても自信を持てないと言うことがよくあります。どうしてそんなに自己評価が低いのだろうとよくよく話を聞いていると、どうも理由の一つには、会社や学校で読書が趣味だと打ち明けられない、といった問題があるように思います。読書が趣味だと言うと、真面目な人、オタク気質の人、あるいは博識な人だと誤解されてしまいそうで、なかなか言い出しにくいのだそうです。

自分の好きなものを好きと言えず、本当の自分をひた隠しにして日常を過ごしている限り、どんなに他人に褒められたり、評価されたりしたとしても、心から満たされ、自己評価を高めることはできないでしょう。

そんな社会の中にあって、せめて猫町倶楽部のコミュニティは、誰もが偽らない自分を開示し、認められ、受け入れられる場所、ありのままの自分に自信が持てる場所でありたい。いつだってそれが可能な場所として門戸を開けておきたいと思っています。ほかで居場所を見つけられなかった人が、猫町倶楽部を自分の唯一の心安らぐ居場所だと思ってくれるのは、とても光栄なことなんです。

だけど、もっと欲を言えば、一度ここで受け入れられ、自信をつけるという体験をした人には、そこでぜひもう一度、猫町倶楽部の外の、自分のもともといた環境に目を向けてみてほしいんです。

そもそも私達がなぜ本を読むのかといえば、自分では生きられない人生を生き、視野を広げるためです。私達がなぜ読書会に参加するのかといえば、一冊の本の感想を複数の人と持ち寄り、より多面的な視座を得るためです。

では、これら一連の学びは何のためにあるのでしょうか。それはもとを正せば、生きるためにほかなりません。生活の中で実践してこそ、学びはようやく血の通ったものとなるのです。

読書と読書会、そして猫町倶楽部のコミュニティで、決してハリボテではない、強固な自信を取り戻す。その上で、もともといた自分の世界をもう一度見つめ直してみると、きっとそれまでとは多少なりとも違って見えるはずです。今まで、何一ついいことがないと思っていた日常の中にも、実は思わぬ楽しみが見つけられるかもしれません。嫌なやつばっかりだなんて思っていた身の回りの人たちに、思わぬ長所が見つかるかもしれません。あるいは、やっぱりここは自分の居場所ではなかったと、腹を決めて新天地に旅立つことになるかもしれません。それだっていいんです。自分にもこんなことができるんだと、自分自身をも見直すきっかけになるはずです。

もちろん、猫町倶楽部から卒業すべき、なんて言っているわけではありません。猫町倶楽部に参加しながら、少しずつ本当の自分を受け入れられるようになった人は、同時にほかにも、たくさんの足場を持ってほしいのです。たった一箇所が自分のすべて、という状態でいるより、会社や学校、サークルや習い事など、自分の居場所を分散させることで、より健やかな自分を作ることができます。また、猫町倶楽部の中だけに限らず、どこに行っても生き抜くことができるという自信は強い生命力を感じさせ、あなた自身の人間としての魅力にも繋がるでしょう。

読書の目的の一つは、読書を通じて自分自身の可能性に気付くことです。一度居心地の良い場所を見つけたのであれば、今度はぜひ外に目を向けてほしいんです。書を持って、もっともっと広い世界を目指してほしいんです。自分の可能性を狭めているのは、自分自身なのですから。

最終章　「みんなで語る」ことの可能性

読んでいない本について堂々と語る方法

ピエール・バイヤールの書いた『読んでいない本について堂々と語る方法』という課題本で読書会を行ったのは、2016年12月のことでした。読了が唯一の参加条件である猫町倶楽部で扱うには、一見ふさわしくない本に思えますが、その実、この本はとても読書会向きの本なんです。

そもそも「読んでいない」にも色々あるよね、という解説からこの本は始まります。全然読んだことがない本、流し読みしたことがある本、人から名前を聞いたことのある本、読んだけど内容を忘れてしまった本。この中で、バイヤールは次のように言っています。

〝われわれはたいていの場合、「読んでいる」と「読んでいない」の中間領域にいる。〟

私達は何をもって本を「読んだ」と言えるんでしょう。本の中に書かれていることを、著者の意図どおりに理解しさえすれば「読んだ」と言い切れるのでしょうか。であるとすれば、「読んだ」と言い切れる読書って可能なんでしょうか。普通に考えると、生まれてから今まで全く違う場所で、全く違う経験を積んできた著者の意図を、他人である自分が完璧に理解するなどということは、とてもできそうにはありません。と考えてみると、実は「読んだ」と思っている本も「読み切れている」と言うには遠く及ばず、「読んでいない」とそう違わないのではないか、というのがバイヤールの考えなんです。つまりこの『読んでいない本について堂々と語る方法』という本は、実は「読んだ本について堂々と語る方法」でもあって、読書会で行われること、行われるべきことについてさまざまに説かれているのです。

読書会で本は〝読まれて〟いるのか？

「読書会に来るような人たちは本を真面目に読んでいない。本を口実に、自分のことを話したいだけだ」

たまに、読書会に批判的な人から、こんなことを言われることがあります。

以前お話ししたとおり、私が読書会を続ける上で目的としていることの一つには読書のハードルを下げる、ということがありますので、読書が何らかの行動の口実になっているとすれば、それはまさに本望です。けれども、本というものはやはりどうも神聖化されていて、一介の読者が個人的に軽々しく本を利用することは許されざる禁忌である、というような空気が強くあります。これについてバイヤールは、次のように述べています。

〝これらの禁忌のせいで、われわれは書物というものを、学校時代以来、触れてはならない［神聖な］ものとして思い描いており、書物に何か変更を加えるとすぐに罪悪感をいだくのである。

こうした禁忌を取り払うことなしには、文学テクストというこの無限に変化する対象に耳を傾けることはできない。文学テクストは、会話や書きものによる意見交換の本質的な一部であり、読者ひとりひとりの主観性と、彼の他人との対話から生命を得ているのである。〟

よくぞ言ってくれました！　とつい、会ったこともないバイヤールと堅い握手を交わしたくなりました。一冊の本は、誰かに読まれた瞬間……いえもっと言えば、誰かにその存在を知られた瞬間から、その人の感受性や思考と融合し、新しいものへと変化するのです。そうやって変化を生じさせる行為こそが、読書なのです。

バイヤールはこうも言っています。

〝みずから創作者になること——本書で私が一連の例を引きながら確認してきたことが全体としてわれわれを導く先は、この企てにほかならない。これは、内なる歩みによってあらゆる罪の意識から自由になった者がアクセスできる企てである。

というのも、読んでいない本について語ることはまぎれもない創造の活動なのである。〟

読んでいない本について語る行為も、そして読んではみたものの、読み切ったとは言い難い本について語る行為も、本について語る行為はすべて創造の活動。そのとおりだと私は思います。

ですから私達は堂々と語りましょう。本の中に見つけた自分のことも、本と自分の主観性の融合した先に生まれたまったく新しい物語のことも。そうして一冊の本に新しい命を吹き込む創造の活動こそ、著者への何よりの敬意であると信じて。

作家・編集者にとっての読書会

同じくバイヤールの本の中では、ある本の著者がその熱心な読者と出会うことを、〝無理解に出会う〟と表現しています。これにはつい笑ってしまいましたが、実際のところ私は、猫町倶楽部の読書会を通じて、著者のみなさんがまさに読者の〝無理解に出会う〟現場を、数えきれないほど目撃してきました。

ゲストとして来ていただく作家さんには、読書会の最中、全テーブルを回っていただき、参加者とまんべんなく話をしていただきます。そんな中で、顔にこそ出しませんが、主宰としてひやっとすることはしょっちゅうあります。そこをまさかそんな風に読むのか、と驚くような読み方をする人というのは、実にたくさんいるのです。

でも、だからこそ、作家さんや編集者さん、営業さんなど、本を作ること、売ることを生業とされている方に、もっともっと読書会に参加してほしいと思うんです。なぜなら多くの読者は、本を作ること、売ることと無関係なところで生活しています。彼らが一冊の本をどう読み、何を感じ、考えているかを、ぜひ読書会で知ってほしいと思うんです。

２０１７年の年末、新進気鋭のジャズ本『Jazz The New Chapter 5』を課題本に読書会を行いました。ゲストには、同書編集長であり、音楽評論家の柳樂光隆さんに来ていただいたのですが、後日、柳樂さんはツイッターでこんなことをツイートしてくださいました。

〝僕ら音楽マニアが視野の広い本を作ろうとすると「他ジャンルが好きな違う畑のマニアに自分の好きなジャンルを届けよう」みたいになりがちなんだけど、猫町倶楽部の読書会に来ると僕らが忘れがちなジャンルとか情報とかじゃないもっと本質的な話を知的好奇心から真っ直ぐに楽しむ人の存在に気付かされる〟
https://twitter.com/Elis_ragiNa/status/1054208331944886272

また、『ヒップな生活革命』などの著書で知られるライターの佐久間裕美子さんも、読書会参加後に収録されたラジオ番組で「知らない人同士が活発に議論し合う猫町倶楽部はヒップだ、感動した。どんどんこういうのに参加したいと思った」と語ってくださいました。

多くの読者が待ち受ける読書会は、本の作り手にとって、必ずしも〝無理解に出会う〟だけの、絶望的な場所ではありません。きっと少なからず、純粋な好奇心のエネルギーを感じ取ってもらえるはずだと思うのです。

本との出会いが人生を変える

読書会の代表というと、さぞ筋金入りの読書好きだろうと思われますが、前述したように私が読書に目覚めたのは、世の多くの読書好きのみなさんよりかなり遅く、20歳を過ぎてからのことでした。当時の私は、人生で初めてと言ってもいい大きな挫折を味わい、失意のどん底にいました。付き合っていた彼女に、ある日突然フラれてしまったのです。大学でもチームでも、日夜たくさんの友達、後輩、女の子達に囲まれ、いわゆる〝イケイケ〟だった私は、無駄に根拠のない自信に満ちあふれていました。まさか自分がフラれることがあろうとは思ってもみず、世の中の見え方が一変するようなショッキングな出来事でした。しばらくの間は自宅にこもり、悶々と思い悩みました。自分にはきっと足りないものがあるのだろうから、それを補充し、新しい自分に生まれ変わらなくてはならないと思うようになりました。そこでようやく、本に出会ったのです。

それまで私は、難しそうな本を手に取るようなことはまずなかった一方で、『POPEYE』や『BRUTUS』といったカルチャー誌は、毎号欠かさずチェックしていました。時代は折しも浅田彰や中沢新一、柄谷行人らに代表される〝ニューアカ〟ブームの真っ只中。学者たちがこぞってカルチャー誌で連載を持ち始めていました。音楽やアートなど、自分達のものだと思っていたカルチャーに、学問的なアプローチで思いもよらない意味づけをする人達がいる。驚くと同時に強く憧れを抱き、当時の多くの若者と同じように私もまたここから、読書と思想の世界に足を踏み入れていきました。

中でも、栗本慎一郎の『パンツをはいたサル』という一冊の本との出会いは、その後の私の人生を大きく変えたと言っても過言ではありません。この本で栗本氏は、ヒトがほかの動物とどう違うのかという本質的な問いに、「過剰」と「蕩尽《とうじん》」という二つのキーワードをもって答えています。私たち人間は日々、生きる上で本来必要とする以上のものを〝過剰〟に生産しており、それを適宜〝蕩尽〟している。ともすれば〝蕩尽〟を目的に

〝過剰〟生産しているとさえ言える。本ではそんな風に説かれています。

毎晩六本木の街で飽きもせず繰り広げられる狂騒と、自分の身に思いがけず降って湧いた失恋と。失意の底で、若者として正しい形で悶々と人生の意味を問うていた当時の私に『パンツをはいたサル』は目から鱗の落ちるような大きな答えと、またさらなる人間への興味をもたらしてくれました。

最近、「本をあまり読まない人に、とっかかりとしておすすめの本はありますか?」といった質問を受けることがあります。どんな本が最適か、という問いの答えは人それぞれ違うため、正直に言えば、この質問に普遍的な答えはありません。ただ、どんな人にも共通して、本を読み始めるのに適したタイミングというのがあります。それは、何か大きな壁にぶつかったとき、挫折したとき、どうしても前に進めないときです。心から答えを欲している、そんなときに読むからこそ、読書が価値あるものとなるのです。

さらに言えば、良い本というのは必ずしも答えを教えてくれる本ではありません。一見矛盾するようですが、単に答えを提示することが本の役割であれば、何万文字、何百ページと言葉を書き連ねる必要もないでしょう。

フランクルの『夜と霧』は、ユダヤ人精神科医である著者自身が、ナチスによって強制収容所に収容された際の想像を絶する体験と、そこで生じる自分や他者の心理的な変化を、当事者として、学者としての観点で分析し綴った、言わずと知れた名著です。〝いい人は帰ってこなかった〟という有名な一文に表されるとおり、日頃よしとされる道徳や倫理観が、極限の状況下では何の効力も発揮しない不条理を、これでもかとつきつけられます。家族を殺され、悪名高いアウシュビッツ収容所の劣悪な環境下でなおも続く自らの命に、なぜですか？　と繰り返しその意味を問い続ける、作者のフランクル。けれども、あるときついに気付くのです。むしろ人生が自分に問うているのだ、と。

生きるということは、人生に問われ続けるということ。

平穏な日常の中ではついそのことを忘れそうになりますが、折に触れてやってくる試練や危機的な出来事を前にすると、嫌でも思い出します。そんなとき、優れた本というのは、一冊を通して著者の思考の連なりを見せてくれます。またそれにより読者に新しい視座と、さらに新たなる気付きへの糸口、良質な問いを与えます。問いを抱え続けることは苦悩を抱えることであると同時に、私たちが生き続けていく上で決して失うことのできない、最後の希望でもあります。

だからこそ本を何万冊と読んだって、もう読む必要がないな、世界を十分に知ったなと思うことはありません。読めば読むほど知らない世界があることに気付かせてくれる営み、決して完結することのない営み、それこそが読書なのです。

おわりに

本を読むのが好きという人でも読書会に行ったことがある人はまだまだ少数派でしょう。私はこの本をきっかけに、一人でも多くの人に読書会を体験してほしいと願っています。最近では、以前よりもずいぶん読書会がメジャーなものになってきました。ネットで検索すれば、猫町倶楽部のほかにもたくさんの読書会が開催されています。興味はあるものの、まだ一度も読書会に参加したことがないという方は、先入観や恐れをいったん横において、ぜひ足を運んでほしいと思います。その際にはできれば1回だけで判断せず、3回参加してみてください。必ず発見があるはずです。

またもし、参加したいと思う読書会が近くで開催されていなかったら、ぜひご自分で読書会を開催してみてください。読書会を開催するのはそれほど難しいことではありません。

以前、ある地域の図書館の方から依頼を受け、読書会のやり方をお話ししました。するとそれ以降、その図書館では5年以上、読書会が続けて開催されているそうです。
この本を読んでいただいた方ならおわかりのとおり、「飲み会の幹事役」を引き受ける気持ちがあれば、読書会は誰にでも開催できます。それに、猫町倶楽部の運営手法は言うまでもなくほんの一例ですから、自分のやりたいように、自分が一番心地の良いやり方で、ぜひチャレンジしてみてください。

これに加えて猫町倶楽部も可能な限り、全国各地で読書会を出張開催したいと思います。うちでやってほしいという方、ぜひ気軽に声をかけてください。

あらためて、猫町倶楽部が13年間やってこられたのは、何より参加者のみなさんと、サポーターたちの存在があってこそです。また数々のゲストのみなさんにも、これまで多大なるご支援をいただいてきました。本業の山本ハウジングの社員たちも、私が猫町倶楽部に力を入れることに陰ながら協力してくれました。そして幻冬舎の竹村さんをはじめ、多くの方々のご協力があって、このような本を出版することができました。本当に感謝しています。

最後に、何より私の人生のかけがえのない親友である副代表の朴。彼がいなければ私は猫町倶楽部を作っていませんでした。たとえ作っていたとしても味気ない経営の勉強会に終わっていたでしょう。彼は今、癌と闘っています。彼とこれからも一緒に猫町倶楽部の運営を続けられることが、私の今の一番の願いです。

山本多津也

猫町倶楽部これまでの課題本

名古屋アウトプット勉強会（ビジネス）

第1回　D・カーネギー『人を動かす』
第2回　スティーブン・R・コヴィー『7つの習慣』
第3回　ロバート・B・チャルディーニ『影響力の武器』
第4回　新渡戸稲造『武士道』
第5回　梅田望夫『ウェブ進化論』
第6回　P・F・ドラッカー『ネクスト・ソサエティ』
第7回　ジェームズ・C・コリンズ
　『ビジョナリー・カンパニー2　飛躍の法則』
第8回　米長邦雄『人間における勝負の研究』
第9回　リチャード・コッチ『人生を変える80対20の法則』
第10回　フランク・ベトガー
　『私はどうして販売外交に成功したか』
第11回　本田直之『レバレッジ・リーディング』

名古屋文学サロン月曜会（文学）

第1回　夏目漱石『こころ』
第2回　森鷗外『高瀬舟』
第3回　永井荷風『腕くらべ』
第4回　谷崎潤一郎『痴人の愛』
第5回　宮沢賢治『銀河鉄道の夜』
第6回　川端康成『雪国』
第7回　坂口安吾『堕落論』
第8回　太宰治『人間失格』
第9回　三島由紀夫『仮面の告白』
第10回　村上春樹
　『世界の終りとハードボイルド・ワンダーランド』
第11回　ジェイン・オースティン『高慢と偏見』
第12回　J・D・サリンジャー『キャッチャー・イン・ザ・ライ』

第12回　三枝匡『V字回復の経営』
第13回　ピーター・モントヤ他『パーソナルブランディング』
第14回　マキアヴェリ『君主論』
第15回　ジェームス・スキナー『成功の9ステップ』
第16回　D・カーネギー『話し方入門』
第17回　友野典男『行動経済学 経済は「感情」で動いている』
第18回　デビッド・アレン『ストレスフリーの仕事術
　―仕事と人生をコントロールする52の法則』
第19回　渡部昇一『ドイツ参謀本部―その栄光と終焉』
第20回　アル・ライズ他『売れるもマーケ 当たるもマーケ
　マーケティング22の法則』
第21回　三品和広『経営戦略を問いなおす』
第22回　鈴木秀子『心の対話者』
第23回　渋澤健
　『巨人・渋沢栄一の「富を築く100の教え」』
第24回　モーティマー・J. アドラー他『本を読む本』
第25回　D・カーネギー『人を動かす』
第26回　ジョン・K・ガルブレイス『大暴落 1929』

第13回　ボリス・ヴィアン『日々の泡』
第14回　ミラン・クンデラ『存在の耐えられない軽さ』
第15回　〈菊地成孔が選ぶ3冊〉★
　ヘミングウェイ『キリマンジャロの雪』
　G・バタイユ『眼球譚(初稿)』
　J・L・ボルヘス『伝奇集』
第16回　アラン・シリトー『長距離走者の孤独』
第17回　ヘンリー・ミラー『北回帰線』
特別イベント　中村うさぎ『愚者の道』★
第18回　トルーマン・カポーティ『ティファニーで朝食を』
第19回　ドストエフスキー『罪と罰』第1回
第20回　ドストエフスキー『罪と罰』第2回
第21回　〈立川直樹が選ぶ3冊〉★
　谷崎潤一郎『美食倶楽部』
　川端康成『眠れる美女』
　小泉八雲『怪談』
第22回　島田雅彦『徒然王子 第1部』
特別イベント　湯山玲子『女装する女』★

第27回　スティーブン・R・コヴィー『第8の習慣』
第28回　羽生善治『決断力』
第29回　石原明『うちの社長は、なぜ「ああ」なのか』★
第30回　トーマス・フリードマン『グリーン革命』
第31回　戸部良一他★
　『失敗の本質　日本軍の組織論的研究』
第32回　小幡績『すべての経済はバブルに通じる』★
第33回　P・F・ドラッカー『プロフェッショナルの条件』
第34回　バーバラ・ミント『考える技術・書く技術』
第35回　田坂広志『未来を予見する「5つの法則」』
第36回　ジャック・アタリ
　『21世紀の歴史　未来の人類から見た世界』
第37回　クリス・アンダーソン
　『フリー〈無料〉からお金を生みだす新戦略』
第38回　V・E・フランクル『夜と霧』
第39回　トニー・ブザン他『ザ・マインドマップ』
第40回　P・F・ドラッカー『マネジメント　基本と原則』
第41回　S・スマイルズ『自助論』

第23回　泉鏡花『高野聖』
第24回　永井荷風『濹東綺譚』
特別イベント〈野宮真貴×湯山玲子の3冊〉★
　野宮真貴『おしゃれ手帖』
　高橋靖子『表参道のヤッコさん』
　フランソワーズ・モレシャン『アプレカランタン』
第25回　萩原朔太郎／中原中也　詩集
第26回　夏目漱石　前期三部作『三四郎』『それから』『門』
第27回〈菊地成孔が選ぶ2冊〉★
　田中康夫『なんとなく、クリスタル』
　高見恭子『ブルー』
第28回　内田百閒『冥途』
第29回　G・ガルシア＝マルケス『百年の孤独』
第30回　澁澤龍彦『高丘親王航海記』
第31回　J・D・サリンジャー『ナイン・ストーリーズ』
第32回〈柴田元幸が月曜会にやってくる!!〉★
　尾辻克彦『肌ざわり』
　ゴーゴリ『鼻／外套／査察官』

第42回　ジャレド・ダイアモンド『銃・病原菌・鉄』
第43回　ダン・ショーベル『Me2.0』
第44回　ジェームズ・C・コリンズ
　『ビジョナリー・カンパニー3　衰退の五段階』
第45回　楠木建『ストーリーとしての競争戦略』
第46回　マイケル・サンデル『これからの「正義」の話をしよう』
第47回　岡田斗司夫『ぼくたちの洗脳社会』『フロン』『遺言』★
第48回　山岸俊男
　『安心社会から信頼社会へ　日本型システムの行方』
第49回　レイチェル・ボッツマン／ルー・ロジャース
　『シェア〈共有〉からビジネスを生みだす新戦略』
第50回　スティーブン・R・コヴィー
　『7つの習慣』
第51回　ショウペンハウエル『読書について』
第52回　齊藤誠『競争の作法　いかに働き、投資するか』★
第53回　フリードリッヒ・ニーチェ『善悪の彼岸』『この人を見よ』
第54回　エドガー・H・シャイン『人を助けるとはどういうことか　本当の「協力関係」をつくる7つの原則』

　スチュアート・ダイベック『シカゴ育ち』
第33回　ルイス・キャロル『不思議の国のアリス』
第34回　ジャレド・ダイアモンド『銃・病原菌・鉄』
　(アウトプット勉強会合同企画)
第35回　幸田文『きもの』
第36回　谷崎潤一郎『春琴抄』
第37回　〈ヤッコさん(高橋靖子)が選ぶ3冊〉★
　中島京子『小さいおうち』
　J・アレン・ブーン『動物はすべてを知っている』
　高橋靖子『表参道のヤッコさん』
第38回　近松秋江『黒髪／別れたる妻に送る手紙』
第39回　太宰治『ヴィヨンの妻』
第40回　マリオ・バルガス＝リョサ『楽園への道』
第41回　イタロ・カルヴィーノ『見えない都市』
第42回　〈続・柴田元幸が月曜会にやってくる!!
　～ポール・オースタースペシャル〉★
　『幽霊たち』『最後の物たちの国で』『偶然の音楽』
第43回　ヘミングウェイ

第55回『孫子』
第56回 エドワード・ホール『かくれた次元』
S・I・ハヤカワ『思考と行動における言語』
第57回 小倉昌男『経営学』
第58回 カーマイン・ガロ『スティーブ・ジョブズ
驚異のプレゼン 人々を惹きつける18の法則』
第59回 イアン・エアーズ『その数学が戦略を決める』
第60回 福沢諭吉『学問のすゝめ』
第61回 ジェフ・ジャービス
『パブリック 開かれたネットの価値を最大化せよ』
第62回 東浩紀『一般意志2・0 ルソー、フロイト、グーグル』
第63回 國分功一郎『暇と退屈の倫理学』
第64回 古市憲寿『絶望の国の幸福な若者たち』
第65回 ピーター・M・センゲ『学習する組織』
第66回 絓秀実『反原発の思想史』
第67回 内田樹『日本辺境論』
第68回 マーチン・ファン・クレフェルト
『補給戦―何が勝敗を決定するのか』

『われらの時代・男だけの世界』
第44回 4周年記念企画
〈中村うさぎと行くドキドキ温泉ツアー〉★
前田健『それでも花は咲いていく』
中村うさぎ『私という病』
第45回 九鬼周造『「いき」の構造』(浴衣読書会)
第46回 久生十蘭『短篇選』
特別イベント 二村ヒトシ『恋とセックスで幸せになる秘密』★
第47回 フランソワーズ・サガン『ブラームスはお好き』
第48回 フランツ・カフカ『城』
第49回 夏目漱石『夢十夜』
第50回 トマス・ピンチョン『競売ナンバー49の叫び』
第51回 三島由紀夫『金閣寺』
第52回 フランツ・カフカ『変身』
スティーヴンソン『ジーキル博士とハイド氏』
カズオ・イシグロ『日の名残り』
第53回〈柴田元幸が月曜会にやってくる!! 第3弾〉★
ハーマン・メルヴィル『書写人バートルビー』

第69回　クレイトン・M・クリステンセン
『イノベーションのジレンマ』
第70回　〈内田樹完全攻略!!〉（京都旅行イベント）★
内田樹『街場のメディア論』『私家版・ユダヤ文化論』
『レヴィナスと愛の現象学』
第71回　リンダ・グラットン『ワーク・シフト』
第72回　ジョアン・マグレッタ『マイケル・ポーターの競争戦略』
第73回　クリス・アンダーソン『メイカーズ』
第74回　三宅秀道『新しい市場のつくりかた』
第75回　ニーアル・ファーガソン『マネーの進化史』
第76回　D・カーネギー『人を動かす』（リバイバル企画）
第77回　クレイトン・M・クリステンセン他
『イノベーション・オブ・ライフ』
第78回　片岡剛士『アベノミクスのゆくえ
現在・過去・未来の視点から考える』
第79回　E・H・カー『歴史とは何か』
第80回　村上隆『芸術起業論』
第81回　『老子』（文学サロン月曜会合同読書会）

レベッカ・ブラウン『体の贈り物』
ジャック・ロンドン『火を熾す』
第54回　江戸川乱歩傑作選
第55回　5周年記念企画
〈枡野浩一と行くドキドキミステリーツアー〉★
枡野浩一『ショートソング』
第56回　角田光代『曾根崎心中』
第57回　菊地成孔×大谷能生『アフロ・ディズニー　1&2』★
第58回　アンドレ・ブルトン『ナジャ』
第59回　小林秀雄『モオツァルト・無常という事』
第60回　志賀直哉『小僧の神様　城の崎にて』
第61回　村上春樹『ノルウェイの森』
第62回　二村ヒトシ『すべてはモテるためである』★
『恋とセックスで幸せになる秘密』
第63回　谷崎潤一郎『鍵・瘋癲老人日記』『刺青・秘密』
第64回　〈柴田元幸が月曜会にやってくる!!第4弾〉★
スティーヴン・ミルハウザー『三つの小さな王国』
第65回　泉鏡花『春昼・春昼後刻』

第82回　ダグラス・ストーン他『話す技術・聞く技術
　交渉で最高の成果を引き出す「3つの会話」』
第83回　P・F・ドラッカー『経営者の条件』
第84回　鈴木謙介
　『ウェブ社会のゆくえ〈多孔化〉した現実のなかで』★
第85回　國分功一郎『来るべき民主主義
　小平市都道328号線と近代政治哲学の諸問題』★
第86回　アル・ライズ他『ポジショニング戦略』
第87回　ロバート・B・チャルディーニ
　『影響力の正体　説得のカラクリを心理学があばく』
第88回　的場昭弘『超訳「資本論」』
第89回　マルコム・グラッドウェル
　『急に売れ始めるにはワケがある』
第90回　リチャード・P・ルメルト『良い戦略、悪い戦略』
第91回　スティーブン・R・コヴィー『7つの習慣』
第92回　アダム・グラント
　『GIVE&TAKE「与える人」こそ成功する時代』
第93回　東浩紀『弱いつながり　検索ワードを探す旅』

第66回　三島由紀夫『潮騒』
第67回　植島啓司『偶然のチカラ』（6周年旅行）★
第68回　有吉佐和子『香華』（浴衣読書会）
第69回　マルグリット・デュラス『ラ・マン』
第70回　『老子』（アウトプット勉強会との合同読書会）
第71回　尾崎翠『第七官界彷徨』
第72回　ナボコフ『ロリータ』
第73回　萩原朔太郎『猫町　他十七篇』（クリスマス読書会）
第74回　ドストエフスキー『地下室の記録』ゲスト　亀山郁夫
第75回　森鷗外『舞姫・うたかたの記　他三篇』
特別イベント　長編読書会　ドストエフスキー
　『カラマーゾフの兄弟』1、2巻　ゲスト　亀山郁夫
第76回　夢野久作『少女地獄』
第77回　〈柴田元幸が月曜会にやってくる!!第5弾〉★
　フィリップ・ロス『父の遺産』
第78回　森茉莉『贅沢貧乏』
特別イベント『カラマーゾフの兄弟』3、4、5巻　ゲスト　亀山郁夫
第79回　〈豊﨑由美が選ぶ4冊〉（7周年旅行）★

第94回　橋本治『恋愛論』（キャンプ読書会）
第95回　ピーター・ティール他
　『ゼロ・トゥ・ワン 君はゼロから何を生み出せるか』
第96回　エーリッヒ・フロム『自由からの逃走』
第97回　トマ・ピケティ『21世紀の資本』第1回
特別イベント　名古屋猫町文化祭2015〈リバイバルミニ読書会〉
　V・E・フランクル『夜と霧』
　新渡戸稲造『武士道』
　國分功一郎『暇と退屈の倫理学』
　スティーブン・R・コヴィー『7つの習慣』
　D・カーネギー『人を動かす』
第98回　トマ・ピケティ『21世紀の資本』第2回
第99回　ロバート・キーガン他『なぜ人と組織は変われないのか
　ハーバード流 自己変革の理論と実践』
第100回　湯山玲子『男をこじらせる前に
　男がリアルにツラい時代の処方箋』★
　湯山玲子『文化系女子という生き方
　「ポスト恋愛時代宣言」！』

　ラジスラフ・フクス『火葬人』
　長嶋有『問いのない答え』
　トム・マッカーシー『もう一度』
　梨木香歩『海うそ』
第80回　G・ガルシア＝マルケス『族長の秋』
第81回　谷崎潤一郎『陰翳礼讃』（浴衣読書会）
第82回　J・D・サリンジャー『フラニーとズーイ』
第83回　柳田国男『遠野物語　山の人生』
第84回　サミュエル・ベケット『ゴドーを待ちながら』
第85回　スコット・フィッツジェラルド
　『グレート・ギャツビー』（クリスマス読書会）
第86回　横光利一『機械・春は馬車に乗って』
特別イベント　名古屋猫町文化祭2015初日〈リバイバル読書会〉
　夏目漱石『こころ』
　谷崎潤一郎『春琴抄』『痴人の愛』
　村上春樹『世界の終りとハードボイルド・ワンダーランド』
　川端康成『眠れる美女』
特別イベント　名古屋猫町文化祭2015二日目

第101回　ダニエル・ピンク『フリーエージェント社会の到来
　　　　組織に雇われない新しい働き方』
第102回　木下是雄『理科系の作文技術』
特別イベント〈初心者限定読書会〉
　　　　P・F・ドラッカー『マネジメント』
　　　　東浩紀『弱いつながり　検索ワードを探す旅』
第103回　吉川浩満『理不尽な進化　遺伝子と運のあいだ』★
第104回　エーリッヒ・フロム『愛するということ』
第105回　クレイトン・クリステンセン他『イノベーションの
　　　　DNA　破壊的イノベータの5つのスキル』
第106回　三枝匡『戦略プロフェッショナル
　　　　シェア逆転の企業変革ドラマ』
第107回〈リバイバル読書会〉
　　　　東浩紀『弱いつながり　検索ワードを探す旅』
　　　　クレイトン・M・クリステンセン他
　　　　『イノベーション・オブ・ライフ』
　　　　楠木建『ストーリーとしての競争戦略』
第108回　D・カーネギー『カーネギー　心を動かす話し方

　　　　宮沢章夫『演劇は道具だ』★
　　　　『ニッポン戦後サブカルチャー史』『時間のかかる読書』
第87回〈光文社古典新訳文庫コラボ記念企画〉
　　　　オルダス・ハクスリー『すばらしい新世界』
　　　　ゲスト　駒井稔
第88回　田中康夫『33年後のなんとなく、クリスタル』
第89回　ミシェル・ウエルベック『素粒子』
第90回　吉川トリコ『ぶらりぶらこの恋』『ミドリのミ』
　　　　〈奈良読書会旅行〉★
第91回　アントニオ・タブッキ『インド夜想曲』
特別イベント〈初心者限定読書会〉
　　　　J・D・サリンジャー『キャッチャー・イン・ザ・ライ』
第92回　夏目漱石『草枕』〈浴衣読書会〉
第93回　太宰治『斜陽』
第94回　デュマ・フィス『椿姫』
第95回　古井由吉『杳子・妻隠』
第96回　サン＝テグジュペリ『ちいさな王子』
　　　　〈クリスマス読書会〉

一瞬で人を惹きつける秘訣』

第109回　P・F・ドラッカー

『イノベーションと企業家精神（ドラッカー名著集）』

第110回　斎藤環『生き延びるためのラカン』

第111回　村上春樹『職業としての小説家』

三宅隆太『スクリプトドクターの脚本教室・初級篇』

第112回　ベン・パー

『アテンション「注目」で人を動かす7つの新戦略』

第113回　世阿弥『風姿花伝』

安田理央『痴女の誕生』★

第114回　松尾豊『人工知能は人間を超えるか

ディープラーニングの先にあるもの』

第115回　ジャン・ボードリヤール『消費社会の神話と構造』

第116回　〈海猫沢めろんを読む〉★

海猫沢めろん

『明日、機械がヒトになる　ルポ最新科学』

『夏の方舟』

第117回　ジャック・アタリ『危機とサバイバル

第97回　『好色一代男』『雨月物語』（日本文学全集11）

第98回　フランツ・カフカ『カフカ短編集』

特別イベント　〈初心者限定イベント〉

夏目漱石『こころ』

第99回　村上春樹『神の子どもたちはみな踊る』

亀山郁夫『新カラマーゾフの兄弟・上巻』

第100回　〈柴田元幸が月曜会にやってくる!!第6弾〉

スティーヴ・エリクソン『黒い時計の旅』

柴田元幸『翻訳教室』

第101回　須賀敦子『コルシア書店の仲間たち』

亀山郁夫『新カラマーゾフの兄弟』★

第102回　〈千野帽子さんと行く!温泉&宇治散策

よくばりツアーズ♪〉（京都宇治読書会旅行）

千野帽子『読まず嫌い。』『俳句いきなり入門』★

第103回　シェイクスピア『マクベス』

『リア王』

第104回　白洲正子『能の物語』（浴衣読書会）

第105回　川端康成『眠れる美女』

21世紀を生き抜くための〈7つの原則〉』
第118回　橋爪大三郎『教養としての聖書』
第119回　森信三『修身教授録』
第120回　ピエール・バイヤール
『読んでいない本について堂々と語る方法』
第121回　リンダ・グラットン『ライフ・シフト』
第122回　野口真人『あれか、これか
「本当の値打ち」を見抜くファイナンス理論入門』
第123回　スティーブン・R・コヴィー『7つの習慣』
第124回　ユヴァル・ノア・ハラリ『サピエンス全史』
第125回　千葉雅也『勉強の哲学』★
第126回　リチャード・ドーキンス『利己的な遺伝子』
第127回　加藤秀一『はじめてのジェンダー論』
第128回　東浩紀『ゲンロン0　観光客の哲学』
第129回　加藤陽子『それでも、日本人は「戦争」を選んだ』
第130回　入山章栄『ビジネススクールでは学べない
世界最先端の経営学』
第131回　リチャード・セイラー他『実践行動経済学』

G・ガルシア＝マルケス
『わが悲しき娼婦たちの思い出』
第106回　松尾芭蕉『おくのほそ道』
鈴木大拙『禅と日本文化』
第107回　〈シネマテーブル連動企画〉
トマス・ウルフ『天使よ故郷を見よ』
ヘミングウェイ『日はまた昇る』
スコット・フィッツジェラルド『楽園のこちら側』
ゼルダ・フィッツジェラルド『こわれる』
スコット・フィッツジェラルド『グレート・ギャツビー』
特別イベント　紫原明子『家族無計画』★
第108回　トルーマン・カポーティ『誕生日の子どもたち』
（クリスマス読書会&パーティー）
第109回　中勘助『銀の匙』『犬　他一篇』
『落語百選　冬』 ゲスト 雷門福三
第110回　岸本佐知子『変愛小説集』
サマセット・モーム『月と六ペンス』
第111回　遠藤周作『沈黙』

第112回　マヌエル・プイグ『蜘蛛女のキス』
第113回　〈柴田元幸が月曜会にやってくる!! 第7弾〉★
スティーヴン・ミルハウザー『魔法の夜』
ウィリアム・サローヤン『僕の名はアラム』
第114回　村上春樹『風の歌を聴け』
『騎士団長殺し』
第115回　ジョージ・オーウェル『一九八四年』
ミシェル・ウエルベック『服従』
第116回　ギュスターヴ・フローベール『ボヴァリー夫人』
D・H・ロレンス『チャタレー夫人の恋人』
特別イベント　谷崎潤一郎『吉野葛・蘆刈』
谷崎潤一郎『夢の浮橋』ゲスト 西野厚志
第117回　大岡昇平『野火』
井伏鱒二『黒い雨』
第118回　獅子文六『悦ちゃん』
『娘と私』
第119回　フィリップ・K・ディック
『アンドロイドは電気羊の夢を見るか?』

第132回　エーリッヒ・フロム『愛するということ』
第133回　曽村保信『地政学入門　外交戦略の政治学』
第134回　『古事記』
第135回　オルテガ・イ・ガセット『大衆の反逆』
第136回　読書猿『アイデア大全』『問題解決大全』
第137回　フレデリック・ラルー『ティール組織』
第138回　畑村洋太郎『失敗学のすすめ』
第139回　トーマス・ラッポルト『ピーター・ティール
世界を手にした「反逆の起業家」の野望』
第140回　サイモン・シン『フェルマーの最終定理』
第141回　マックス・ヴェーバー
『プロテスタンティズムの倫理と資本主義の精神』
第142回　大澤聡『教養主義のリハビリテーション』★
第143回　リチャード・ニクソン『指導者とは』
第144回　吉川浩満
『人間の解剖はサルの解剖のための鍵である』★
第145回　ユヴァル・ノア・ハラリ
『ホモ・デウス　テクノロジーとサピエンスの未来』

第146回　佐久間裕美子『ヒップな生活革命』
『ピンヒールははかない』
『My little New York Times』★
第147回　ケネス・J・アロー『組織の限界』
第148回　ハンス・ロスリング他『FACTFULNESS』
特別イベント　千葉雅也／二村ヒトシ／柴田英里
『欲望会議「超」ポリコレ宣言』ゲスト 二村ヒトシ
第149回　デイヴィッド・ブルックス
『あなたの人生の科学(上)誕生・成長・出会い』
第150回　P・F・ドラッカー
『マネジメント 基本と原則〈エッセンシャル版〉』

『ヴァリス』
第120回　(クリスマス読書会&パーティ)
カズオ・イシグロ『わたしを離さないで』
第121回　アガサ・クリスティ
『そして誰もいなくなった』
『オリエント急行の殺人』
第122回　安部公房『砂の女』
島尾敏雄『死の棘』
第123回　ヴァージニア・ウルフ『ダロウェイ夫人』
『灯台へ』
第124回　〈柴田元幸が月曜会にやってくる!! 第8弾〉★
マーク・トウェイン『ハックルベリー・フィンの冒けん』
チャールズ・ブコウスキー『パルプ』
第125回　田中小実昌『ポロポロ』
金井美恵子『愛の生活』
第126回　〈海猫沢めろんさんと行く!
信州温泉読書会ツアーズ〉(読書会旅行)★
海猫沢めろん『キッズファイヤー・ドットコム』

『全滅脳フューチャー!!!』
第127回　レイモンド・チャンドラー『大いなる眠り』
チョ・セヒ『こびとが打ち上げた小さなボール』
第128回　谷崎潤一郎『細雪』　ゲスト　西野厚志（浴衣読書会）
第129回　鴨長明『方丈記』
小川哲『ゲームの王国』
第130回　有吉佐和子『悪女について』
ドストエフスキー『白痴』（1・2巻）
第131回　カミュ『異邦人』
ドストエフスキー『白痴』（3・4巻）
第132回　（クリスマス読書会&パーティ）
J・D・サリンジャー『キャッチャー・イン・ザ・ライ』
第133回　筒井康隆『虚人たち』
村上春樹『螢・納屋を焼く・その他の短編』
第134回　ワイルド『ドリアン・グレイの肖像』
白岩玄『たてがみを捨てたライオンたち』★
第135回　G・ガルシア＝マルケス『百年の孤独』
ミランダ・ジュライ『最初の悪い男』

★は著者、選者がゲスト

猫町倶楽部HP　http://www.nekomachi-club.com/

第136回　小沼丹『村のエトランジェ』
　チョ・ナムジュ『82年生まれ、キム・ジヨン』
第137回　芥川龍之介『羅生門　蜘蛛の糸　杜子春外十八篇』
　ポール・オースター『オラクル・ナイト』
　ゲスト　柴田元幸
第138回　ブッツァーティ『神を見た犬』
　大島真寿美『渦　妹背山婦女庭訓　魂結び』★
第139回　夏目漱石『明暗』
　アゴタ・クリストフ『悪童日記』
第140回　川端康成『古都』（浴衣読書会）

著者略歴

山本多津也
やまもとたつや

日本最大規模の読書会コミュニティ「猫町倶楽部」主宰。
一九六五年名古屋市生まれ。
住宅リフォーム会社を経営する傍ら、
二〇〇六年から読書会をスタート。
名古屋のほか東京や大阪などで年二〇〇回ほど開催し、
のべ約九〇〇〇人が参加している。
本書がはじめての著書となる。

幻冬舎新書 571

読書会入門
人が本で交わる場所

二〇一九年九月二十五日 第一刷発行
二〇二〇年三月 十 日 第二刷発行

著者 山本多津也

発行人 志儀保博
編集人 小木田順子
発行所 株式会社 幻冬舎
〒一五一-〇〇五一 東京都渋谷区千駄ヶ谷四-九-七
電話 〇三-五四一一-六二一一(編集)
〇三-五四一一-六二二二(営業)
振替 〇〇一二〇-八-七六七六四三
ブックデザイン 鈴木成一デザイン室
印刷・製本所 株式会社 光邦

Printed in Japan ISBN978-4-344-98573-5 C0295
や-18-1
幻冬舎ホームページアドレス https://www.gentosha.co.jp/
*この本に関するご意見・ご感想をメールでお寄せいただく場合は、comment@gentosha.co.jp まで。